君は自分と通話できるケータイを持っているか

「現代の諸課題と学校教育」講義

小西正雄

東信堂

まえがき

すさまじい危機感がある。学校教育の世界、とりわけ授業研究の現状に対して、である。

熱心な教師もいるし立派な研究もあるのだが、というお定まりの釈明を早々と掲げた上で、ありていに書けば、そこには、人間とその教育についての琴線に触れるような深い語りもなければ、双方心温まるような大激論もない。世上の風説への怜悧な省察もなければ、教えるというふるまいへの真摯な内省もない。ただあるのは、美しすぎる言葉たちの乱舞……。

「活発な話しあい活動をめざして」というような主題を掲げた研究会の会場がみごとに静まりかえっているというユーモラスな光景を例示しさえすれば、危機の一端はそれで十分に伝わるだろう。

*

さりとて座視もできない。危機感とは書いても絶望感とは書くわけにはいかない。手っ取り早い解決策などあろうはずもないから、まずは、何が危機なのか、その危機はどのような背景のもとに出来してきたのかなどの問いを、多くの人々、わけても教師や教師をめざす人々に投げかけ、ともに語りあうことから始めるしか、いまのところ糸口はない。

そう考えて数年前から私は、「現代の諸課題と学校教育」という講義を企て、現職教員を含む大学院生相手に挑発的な問題提起を繰り返してきた。その趣旨をシラバス（授業概要）には以下のように記した。

この講義は、現代の教育課題についての「正しい答」を教えるものではありません。この講義では、学校現場・教育行政・教育ジャーナリズムの世界に漂う「常識」のようなものに鋭い批判の目を向け、大胆な問題提起を試みることで、諸君をむしろ混乱させ当惑させます。大切なことは、教師にとって本当に必要な視点とは何かを、その「当惑の海」の中からみずから見つけ出そうとする姿勢です。耳触りのいい教育言説に惑わされない骨太の教師に成長してほしい、これが担当者の願いです。

＊

本書は、基本的にはこの講義の記録である。二点、注釈を付す。

一つは、まったくの実況的再現というわけではないこと。受講生相互の話しあい場面やビデオ視聴場面は当然ながら省略されている。また以下の内容構成もシラバスどおりではない。複数の授業の内容を再構成してあったり、べつな講義で扱った話題もじつはかなり紛れ込んでいる。しかし、シラバスに記した趣旨だけは、そのまま、いや、むしろより先鋭化して文字にしてある。

いま一つは、しょせん講義の記録であるということ。つまり内容にことさらな新知見などなく、各分野のこれまでの成果をかき集め、都合よく粉飾し、あげくには学生の気を惹きそうなテーマをつけて目新しく装って陳列してあるにすぎない。このような広く浅く型の所業は研究者としては墓穴を掘るにひとしい蛮行で、本書の講釈など、それぞれの専門家からすれば憐れみの対象でしかない児戯にはちがいない。

しかし、それでもなおそこに一片の意義をさがし出して刊行を敢行したのは、ひとえに、さきの危機感のゆえである。

＊

大震災、原発事故、露呈した危機管理意識の絶望的な甘さ、国家財政の破綻、少子高齢化、規範の無惨な溶解その他、現代の諸課題に枚挙のいとまはない。より深刻なのは、そのような諸課題に戦略的思考をもって果敢に挑戦するリーダーが見あたらないということであろう。その不幸に戦後教育がいくばくかの責を負わなければならないとするならば、学校教育そのものもまた、まぎれもなく「現代の諸課題」の一隅にある。

しかし、講義がそうであるように、本書もまた、教育の未来についての明確な処方箋など用意してはいない。大まかな方向をさし示すことはあっても確たる明言を避けている。人間世界にたしかな答などそうそうあるものではないとする立場からすれば、それはそれで、それなりの責任のとり方であろうと愚考したからである。

読者を「当惑の海」に引きずり込みかねないこのような不埒な書が日の目を見るのは、東信堂・下田勝司氏の英断以外の何ものでもない。記して深甚の謝意を表したい。

君は自分と通話できるケータイを持っているか／目次

君は自分と通話できるケータイを持っているか

――「現代の諸課題と学校教育」講義

一　いのちと環境の教育学

第1講　君はダイコンの壮絶な死を見たことがあるか

――いのちについて考える

　はじめて訪れた町で道に迷い、地元の人に案内を請うことがある。知らない人が知っている人に必要なことを質問する。ごく自然な日常の風景である。

　一方に、知っている人がたずね知らない人が答えるという真逆のふるまいがある。この異常な行為をつねとする職業人がいる。教師である。そのふるまいを発問という。

　もちろん発問には、それによって「考える」という行為を相手にうながすという教育的意味がある。しかし発問の構造はクイズのそれと酷似しているから、教育的意味を失念すると、授業はたんなるバラエティ番組に転落しかねない。むしろそれを推奨し吹聴する実践書もある。教育の崩壊である。

　本講に登場する「ダイコンのタネはどこにできるのか」という発問は、私に言わせれば秀逸なそれの代表格である。もちろん正解はあるが、さまざまな誤答が楽しいほどに出来する。そして正解にいたる過程で、正解を得たあとで、学びの余韻がじわりと広がってくる。わずか十六文字の問いかけから、人生の一端すら垣間見えてくる。

　以上は余談である。発問論はさて措く。本講の主題は「食といのち」である。

食といのち

近年、食に対する関心が異様に高まっている。一つは食の安全に関するものである。着色剤や防腐剤は食生活を豊かなものにするという効能もあったが、反面、それら食品添加物の過度な、あるいは違法な使用が消費者の健康にただならぬ影響を与えることが心配されはじめた。さらに、比較的規制の甘い隣国から大量に安価な食材が流入するにおよんで、食の安全という話題は、国際関係や彼我の国民性への言及まで誘発して、多様な展開をみせている。

いま一つは健康志向である。これには個人の生活習慣もさることながら、家族関係や就労形態が急速に変化していることが見逃せない。いわゆるメタボリックシンドロームは社会保険制度とからめてまで問題視され、個食、孤食、中食などの造語が飛びかう。

これらとまったく異なる次元で食が関心を集めているケースがある。いわゆるグルメブームである。かつての美食礼賛の系譜を引きながら、それにとどまらず、庶民の味にまで貪欲な商品化の手が伸びる。B級グルメという珍妙なネーミングのもと、それらをブランド化しようという目論みすら後を絶たない。グルメ番組はしばしば旅番組と合体し、余暇のあらたな意義づけを提案している。

＊

教育も、このような風潮ともちろん無縁ではない。契機となったのが食育基本法（平成十七年六月）である。同法第二条は食育の目的を「食に関する適切な判断力を養い、生涯にわたって健全な食生活を実現することにより、国民の心身の健康の増進と豊かな人間形成に資すること」と定め、第三条では、「国民の食生活が、自然の恩恵の上に成り立っており、また、食に関わる人々の様々な活動に支えられていることについて、感謝の念や理解が深まるよう」との配慮の大切さを述べている。また第七条では「我が国における伝統のある優れた食文化」や「生産者と消費者の交流」「農山漁村の活性化」「食糧自給率の向上」などへも言及している。

これらの条文記述からもあきらかなように、食育という新しい用語の概念射程は、伝統的ないわゆる栄養改善指導、給食指導の域を大きく脱した総合的なものである。これを学校教育課程にあてはめてみると、従来の栄養指導などは主として家庭科、保健体育科に照応できるが、食育はこれにさらに加えて生活科、社会科（地理歴史科、公民科）、道徳さらに特別活動の範域までもを視野におさめていることになる。

とくに注目したいのが、食ないし食生活をたんなる健康維持という側面からではなく、人間としての在り方生き方にかかわらせて考えている点である。同法前文に「人間性をはぐくみ」「健全な心」「豊かな人間性」「感謝の念」という字句が登場してくるのも、そのあらわれである。

＊

ところで、人間としての在り方生き方という観点から食育基本法を読み返してみると、当然あってもおかしくないキーワードが一度も登場していないことに気づく。そのキーワードとは「いのち」である。

食といのちが密接なかかわりをもつことはあらためて指摘するまでもあるまい。食とは、直截的にはいのちを維持するための手段だというだけではない。重要なことは、われわれが日常口にする食品は、水と塩というたった二つの例外をのぞいて、すべて何らかの動物ならびに植物に由来するものであり、動物ならびに植物がいのちあるものである以上、われわれはそれらの「いのちを食べる」ことによって、みずからのいのちを維持しているという単純にして深遠な事実である。「自然の恩恵」（第三条）という表現では語りつくせない世界が、「いのち」というキーワードを使うことによって開けてくる。

体験活動の陥穽

どの分野でもそうだが、体験的、活動的な学習形態は、成果や子供たちの目の輝きが第三者にも伝わりやすいため、昨今、好んで用いられる。「食といのち」について言えば、稲を育てて米を収穫する学習がその代表例である。

具体的には、それは小学校五年生社会科の「わたしたちの生活と食料生産」の単元内容を核として構成される。教科書では庄内平野などわが国の代表的な稲作地帯を事例地としてとりあげて、ある抽出農家の播種から収穫までの過程を地域共同体や農業協同組合などの工夫や努力を織りまぜながら追い、最後にわが国の食糧需給をめぐる問題点を指摘する。ここに作業的、体験的活動を付加し、子供たち自身の手による栽培・収穫を経て、米の加工そして調理、賞味へとつなぐことによって、総合的な学習の時間の趣旨も加味した食育のプログラムが完成するというわけである。

教科学習と総合的な学習の時間らしい活動が接合されていて、一見好ましくも思えるが、問題がないわけではない。それは、作業的・体験的活動とくに調理や賞味の楽しさに目を奪われ、核となったはずの社会科の教科目標への接近が手薄になりかねないという危惧である[1]。

しかしここで指摘したいのはそのようなことではない。以上例示したような栽培、収穫、賞味型実践は、じつ

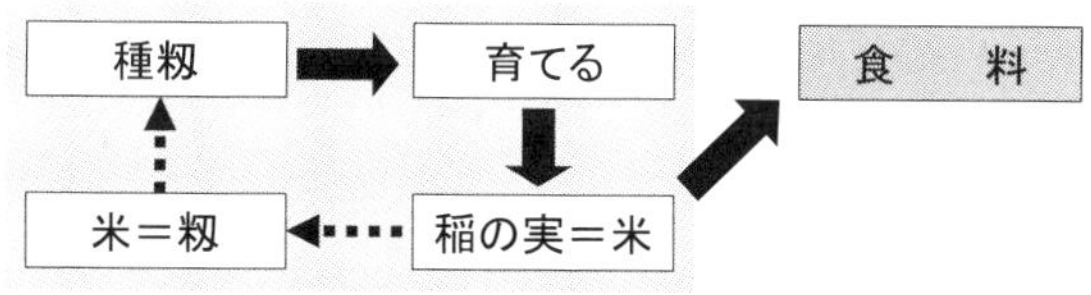

図１－１　消費財としての米と生命体としてのイネ

は食育としても、とくに「食といのち」の学習としては不完全きわまりないものなのである。

＊

問題は収穫した「あと」である。たいていの場合、学習活動の終末は餅つき大会かカレー大会である。大豆栽培学習だときな粉餅づくり、ダイコンだとおでん大会が相場で、それらをほおばる子供たちの笑顔がネットで紹介されることも珍しくない。自分の手で栽培し、その成長に一喜一憂した末に手に入れた食べ物である。いくばくかの感動のともなわないはずはない。調理そして賞味は、長い体験活動のすばらしいフィナーレである。

だが、ここに重大な落とし穴が待っている。それはこのような栽培↓収穫↓賞味型実践からは、収穫した米（イネの実）が翌年の稲を育てる種籾にほかならないという事実が完全に欠落してしまうという点である。「消費財としての米」から「生命体としてのイネ」へという、「食といのち」の学習に必須となる認識転換の回路が、餅つき大会の歓声の中で、みごとなまでに遮断されてしまうのである。

十六文字の発問

「ダイコンのタネはどこにできるのか」という問いは、平成六年度、七年度の二か年にわたって兵庫県・西宮市立総合教育センターのプロジェクトとして市内の六つの小学校児童を対象として実施された「やさいのたねとりをしよう」という実践研究の報告書[2]から拝借したものである。

報告書は言う。「考えてみると私達は、野菜を一個の生命体としてではなく、一つの物体として見、扱っていることが多い。家庭科においても、野菜は食品として扱われ、その物が多く含む栄養素の種類によって分類されている。こども達の身近では、葉だけ、茎だけ、根だけというような形で目にすることがほとんどである。消費者である私達にとってはそれで十分なのである」、「そこで、私達は、野菜を単に食べるためだけに育てるのではなく、一つの生命体としてたねを残して枯れてしまうまでの過程を観察する学習ができないものかと考えた」（1頁～2頁）。

表1―1は、「ダイコンのたねはどこにできるでしょう」という問いに対する六つの小学校、九つのクラスの子供たちの回答である。子供たちにダイコンの絵を描かせ、タネの位置を記入させた結果を集計した。正解率は高学年でも半分にも満たない。「それは、ダイコンを野菜としてはよく知っているが、植物としてとらえていないからではないだろうか」と、報告書は記す。

＊

この発問を後日大学でも試みてみたが、結果は五十歩百歩である。大学生な

表1－1　「ダイコンのたねはどこにできるでしょう」という問いに対する子供の考え

	浜甲子園6年	甲東6年	小松5年	甲陽園4年	甲陽園3年S	甲陽園3年K	広田2年	鳴尾2年	甲東1年
	(%)	(%)	(%)	(%)	(%)	(%)	(%)	(%)	(%)
花が咲いた後	13	25	10	32	0	8	0	0	0
葉や茎	6	3	16	3	5	6	19	19	31
茎と主根の境目	13	3	3	9	28	0	3	16	11
主根の中	30	6	22	19	44	14	47	23	27
ひげ根のくぼみ	0	0	13	3	0	11	9	19	8
ひげ根の先	6	47	26	9	8	6	6	0	15
主根の先	6	6	10	16	10	44	6	16	8
その他	26	10	0	9	5	11	10	7	0

らば受粉から種子の誕生、発芽にいたるメカニズムについては、たとえイメージ的にではあれ知悉しているはずであるが、結果は大差ない。

なぜか。それは、イネの場合のタネ、つまり米粒とちがって、ダイコンの場合のいのちのメッセンジャーとなるタネは、私たちの日常的な視界にはないからである。

スーパーマーケットなどで目にするダイコンは、ほとんどの場合、あたまの部分つまり葉の部分を切り落として売られている。葉に包まれて花が咲いている状態で商品化されることはない。しかしダイコンのタネは、まさにその花の化身にほかならないのである。

われわれがダイコンと言われて連想するあの白い物体は、大半が文字通り「根」、つまりタネに栄養分を補給し、身を挺して次世代を誕生させる偉大な立役者である。その形はスペースシャトル打ち上げに使われるロケットの補助燃料タンク、ブースターにそっくりである。いや、店頭にならぶダイコンは、まさにあれはブースターであって、本来ならば、必要な養分をタネに与えたあと、(ブースターが切り離されて大気圏に再突入し燃え尽きるのとまったく同様に)、みずから無残にも朽ちはてる運命だったはずの部分なのである。

そのブースターを、「打ち上げ以前」に人間が食べてしまうということは、

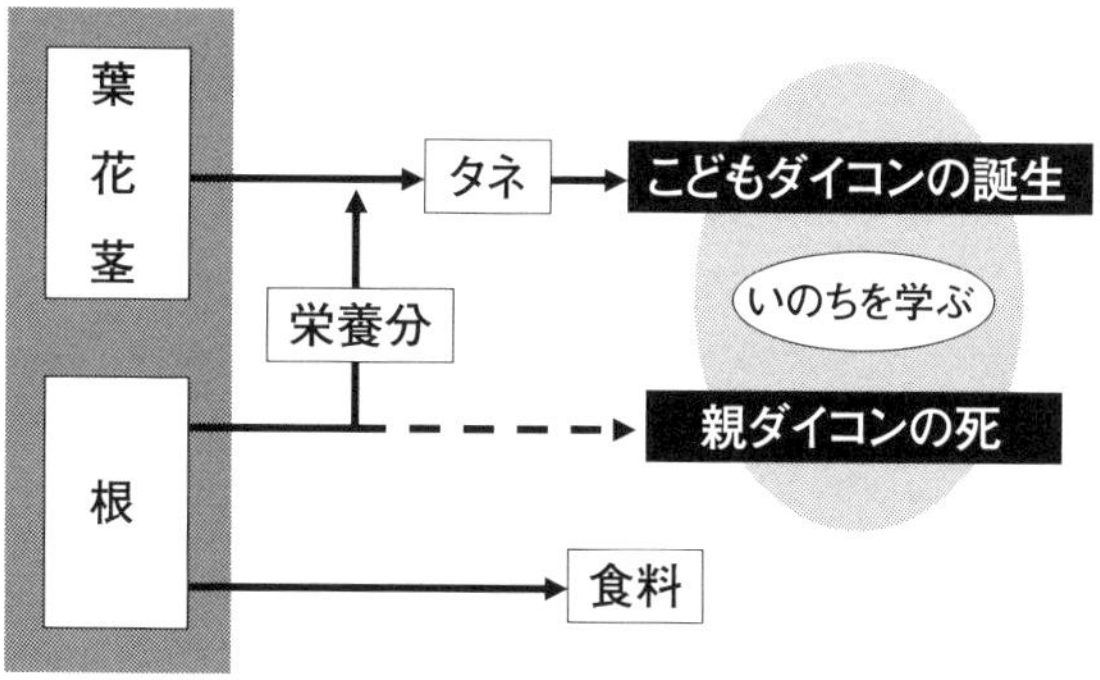

図1－2　ダイコンの死と誕生

いのちの連続性を人間が強制的に遮断してしまうことを意味する。

＊

「食といのち」の教育を人間教育の域にまで高めるには、生と死に彩られたいのちの連環に気づかせていく必要がある。おでんを食べて喜んでいる場合ではない。親ダイコンの壮絶な死とその結果としての子ダイコンの誕生、このいのちの連続性を見せつけずして、いったい何のための「食といのち」の教育なのであろうか。

いのちを肯定的に語る

子供をめぐる何か不幸な事故や事件がおこったとき、教師は「いのちの大切さ」を口をすっぱくして語る。「かけがえのないいのち」というフレーズが、悲しみに包まれた教室でどれほど語られたことだろう。

もちろん、いのちはかけがえのないものである。しかし私たちは気づくべきなのである。いのちこそは、みずからを生み出すことのできる神秘の存在だということに。

だからいのちは「かけがえのない」ものであると同時に「伝えることができる」ものでもある。わたしたちは、伝えがいのあるものだからこそいのちは大切なのだという「肯定形の語りかた」を忘れてはならないのである。

＊

二つの注釈を付しておこう。

以上述べたのは、いのちがもつ連続性という現象ないし側面の教育的意義についてである。教育はしばしば規範的に語られるから、さきの記述をもって短絡的に「いのちはつながれなければならない」と規範的に解されるおそれをなしとしない。しかし、人間の場合、さまざまな理由で、いのちをつなげられなかったり、あえてつなぐという選択肢をとらなかったりする場合も少なくはない。また、何か崇高な目的のためにいのちを捧げるというような行動に出ることも人間にはありうる。いのちとのつきあい方は多様である。個人の内面にかかわることも少なくはない。

だから、「つながる」という現象を「つなげるべき」という規範に安直に結びつける必要はない。いま必要なのは、いのちの連続性という現象への静かなまなざしである。

＊

二つめに言及しておきたいのは、にわとりや豚を解体して食べるという挑戦的な授業についてである。古典的な実践としては鳥山敏子のそれ[3]、最近話題になったものとしては、映画化もされた黒田恭史のそれ[4]がある。いずれも、「食といのち」の問題、具体的には、人間が生存するためには他のいきもののいのちを奪わざるを得ないという、ある意味での人間の原罪を子供たちにつきつけたものである。

この種の実践には、相当の準備と勇気が必要である。相当の準備と勇気とは、「子供たちを傷つけてなお、傷つけることの教育的有意性を保護者や地域住民、そしてなかでも教育行政に納得させる」という難題に挑戦するための準備と勇気である。

さらに注意を要するのは、後者の実践に典型的にあらわれているのであるが、「食といのち」の問題が、飼育対象となった動物に対する名づけによって、「擬人・同一化の問題」へと転換してしまう可能性である。黒田実践の場合、育ててきた豚のPちゃんを食べるか否かの話しあいのなかで、ある女子が、「普通の豚やったら食べられるけど、Pちゃんって名前がついたら食べられへん」[5]と発言しているのがそのあらわれである。

同じいのちを奪うにしても、ダイコンならばともかく豚やにわとりの命を奪う（＝殺す）ことには抵抗が大きい。対象をペット化してしまった場合はなおさらである。鳥山はこの抵抗感をバネに、殺す人と食べる人の分離という現象、さらに部落差別の問題にまで話題を広げていくが、その追試にはさらなる準備と勇気が必要となるだろう。

＊

「食といのち」の学習場面に動物をもち出すのは、当然ながらむずかしい。一つの工夫は、これまでの挑戦的な実践をそのまま追試するのではなく、その実践記録を読みあい、子供たちの感想を交流させあうなかで、自分なりの立場を確立させていくという手法であろう。

もちろん、動物でなければならないというものではない。インパクトの大きさゆえに動物ものが話題にはなりやすいが、イネやダイコンでも十分である。栽培→収穫→賞味型実践のその「前と後ろ」に、子供たちの認識を広げていく手だてをきちんとほどこしていくことで、いのちの神秘、いのちの美しさ、いのちの大切さは十分に語りうるはずである。

連続と非連続

ここで述べたようないのちの連続性に気づかせる授業がなぜ行われにくいのか。なぜ餅つき大会の歓声のなかで教師自身が自己満足して活動を終えてしまうのか。それは、われわれの思考が、知らないあいだに単年度主義の禍毒に犯されてしまっているからである。

考えてもみよう。学校という近代の装置は、官僚制度そのままに単年度主義に満ちあふれているではないか。特別な場合をのぞいてクラス換えや担任の交代は一年ごと、成績評定も一年の終わりにシメとなり指導要録はつぎの学年にひきつがれる。春分のころには、思い出深い教室壁面の学習成果物もあっさりとかたづけられてしまい、四月になれば教科書も変わる。

何よりも犯罪的なのは、多くの校内研究や研究指定校制度が、予算の関係からか、三月までに「成果を出して終わる」ことを前提としているという現実である。

悠久のいのちの連続と醜悪な現実の非連続のはざまで、教育は確実にその光彩を失っていくのである。

＊

だから皮肉なことに、過疎地の単学級学校に案外おもしろい実践が隠れていることがある。過疎地は自然に恵まれている場合が多いという理由もあろうが、過疎地の小規模校では学年間の障壁が低いという側面も見逃せない。

ならば工夫の余地はある。「食といのち」を考えさせたいならば、少なくとも二年間を見通した指導計画をたてること[6]。先輩が収穫したタネを後輩が引き継いで第二世代を育てるという試みは有意義であろう[7]。それは子供だけではなく教師自身の異学年交流の必要性を意味する。

大切なのは、きらびやかな実践発表ではなく、子供たちにとって本当に有益な活動とは何かを、教科教育、道徳、学校・学級経営のノウハウを総動員して考えていこうとする地道な模索である。

西宮市の実践報告をもう一度ふり返ってみよう。

それはたんに教科書や指導書の記述をなぞるだけのものではない。それらを超える明確な問題意識のもとに、それを共有した複数の学校の教師が、さまざまな地域環境をもつ学校でさまざまな子供たちを対象に実践を試み、その結果を比較、分析したものである。そして、この研究は、なによりも、いや当然のことながら、「年度をまたいで」なされている。

教師たちの実践への果敢な情熱が結集した研究であったからこそ、その主題は「ダイコンのタネはどこにできるのか」というまったくシンプルな十六文字の発問で事足りたのである。

注

1　近隣に農地のない学校向けに「バケツ稲」という便利な教具も開発されているが、もし成長の感動や栽培の難しさを感得するだけなら、それは社会科ではなく理科である。日本農業のもつ構造的な問題点にまで迫れなければ、それは社会科産業学習としての意味はもたない。

2 西宮市立総合教育センター『児童や地域に応じた生活科学習のための教材開発と評価』一九九六
3 鳥山敏子『いのちに触れる』太郎次郎社、一九八五
4 黒田恭史『豚のPちゃんと32人の小学生』ミネルヴァ書房、二〇〇三
5 この発言は開隆堂版の記録ビデオから採録した。
6 二年間を見通した単元計画の必要性については「学習指導要領解説・生活編」にも言及がある。しかし、その趣旨はいまだ十分に生かされているとは言いがたい。
7 品質を維持するため、商品としてのダイコンは、通常、専門業者から提供されるタネを用いて栽培される。

第2講　保護されてオットセイは増えたのか、それとも減ったのか

――均衡について考える

少し以前、「いただきます論争」という一件があった。ラジオ番組「永六輔、その新世界」に、ある主婦から、「うちは給食費を支払っているのだから、給食の時にいただきますと言わせないでほしい」という投書があったことに端を発する。その後の反響を新聞が報じたこともあり、当時ようやく市民権を得はじめていたネット空間でも、それは恰好の話題となった。

主婦の意見に賛同する人もそこそこは存在した。また、手をあわせるという習慣に対して宗教行為ではないかという、おきまりのリベラルぶった指摘もあった。しかし、反響の多くは、「いただきます」の真意が自然のめぐみに感謝する意味であって、給食代を支払ったかどうかという次元の問題ではないとして、主婦の主張を退けるものであったようである。

論争がどのようなかたちで終息にむかったのかは、さだかではない。しかし、給食であれ、外食であれ、家庭内での食事であれ、その前に「いただきます」と言う一種の習俗は、さほどの抵抗もなく、現在も日常化している。それはそれで結構なことと私は考える。

本講は、右の結末にあえて反論（?）するものである。主婦の主張を弁護しようというのではない。以下に提示するのは、「いただきますと言わなくてもいい（かもしれない）もう一つの理由」である。

数の問題

村井淳志は言う。

「大切な命」とは誰の命のことだろう。人間の命のことだけを指しているのだろうか。もしそうではなく、生きとし生けるものすべての命というのなら、そのかけ声はむなしい。私たちの生活が、人間以外の命の大量破壊・大量消費・大量廃棄によって成り立っている事実にどう向き合えばよいのか、たちまち思考は行き詰まってしまう。

逆にもし「大切な命」が人間の命だけを指しているのなら、人間とそれ以外の命を線引きする根拠は何なのだろう。結局のところそれは、人間が自分たち以外の生きものを暴力によって制圧したという事実ではないだろうか。しかし暴力の上に維持された人間の「命の尊さ」という自己矛盾は、人間の「命の尊さ」それ自体をも損なってしまうのではないだろうか。実際、平和に見える日本で、これだけ多くの命が事故や犯罪、自殺によって失われているのは、そうした矛盾の帰結なのではないだろうか。だとするなら出口はあるのだろうか[1]。

意図に異議を唱えるものではない。「だとするなら出口はあるのだろうか」という茫とした想いにも共感はする。しかし、村井自身が「出口はない」と言いきってはいないように、出口を求めようとすること、ないしはその可能性を論じることは、まだ否定されてはいないはずである。

手がかりはある。それが「数の問題」である。

＊

にわとりや豚を解体するという行為は、そこに存在したいのちが消滅するということを意味する。有が無に転換するということである。しかし、人間がにわとりや豚を殺して食用に供するようになってからおそらくは数千年以上になろうが、片時としてにわとりや豚が全滅したことはない。なぜならにわとりや豚は殺されたり死亡したりする一方で、それと同じかそれ以上に新たに生まれているからである。その差し引き計算の結果が、にわとりや豚の現在数ということになる。第1講は、この「数の問題」には踏み込んでいない。

話を米の問題、図1—1（7ページ）にもどす。この図は、食料としての米を例に、植物におけるいのちの輪廻とそこに介入した食という行為、すなわち人間の生命維持のいとなみについて示したものである。そのかぎりにおいては過不足はないが、ただし、この図はその原理的なしくみを示したのみで、そこでは「数」の問題はあえて捨象されている。その「数」に留意して書きなおしたのが図2—1である。

あらためて指摘するまでもなく、春に播かれた一粒の籾は秋に多くの実、つまり米を結実させる。その収穫量に対する播種量の倍率はいかほどであろうか。もちろん、品種、作付け地の環境、その年の天候などによってかなりの開きはあるが、庄内平野で多く栽培される「はえぬき」を例にとれば、その倍率はおよそ二五〇ないし三〇〇とのことである。ちなみに鯖田によれば一九五八年の日本の米の平均的な倍率は一一〇・〇から一四四・四とされている[2]から、こ

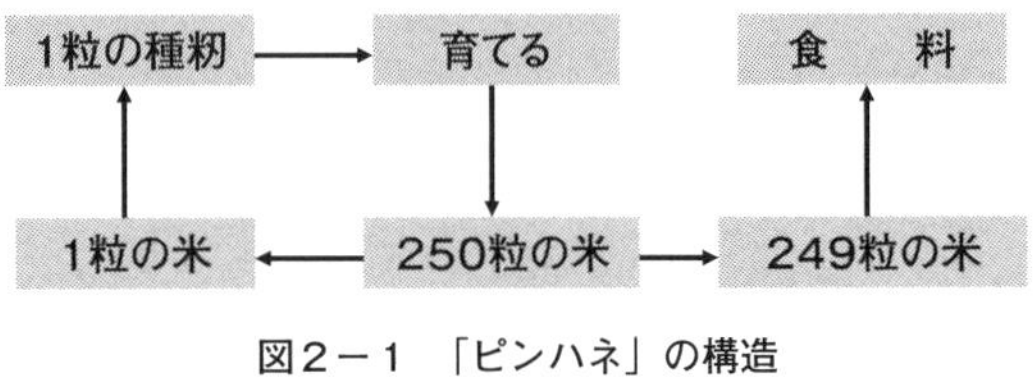

図2－1　「ピンハネ」の構造

の間の農業技術の進歩には目を見はるものがある。

それはともかく、仮に倍率を二五〇とすると、翌年の播種のために一粒を残しておけば食料生産活動は維持できるのであるから、残りの二四九粒の米を人間は食してもかまわないという理屈になる。厳密にはふさわしくないのだが、この過程をあえて経済学の用語を使って説明すれば、拡大再生産の余剰分を人間が収奪している……ということになる。

米であれ野菜であれ、あるいは牛や鶏のような動物であれ、原理的には同じことで、人間はいきものの命の連環の中に手をつっこんで、その余剰分をいわばピンハネすることによってみずからの生を維持している。

自然と「自然」

さて、ここでへそ曲がりな問題を出す。

〈問い〉もし人間が魚を食べるのをやめたら、世界中の海は魚だらけになるのか。

たぶん、一時的にはそうなるであろう。しかしこの現象も長くは続かない。その魚たちがエサにしていた小魚やプランクトンが急に増えるはずもないから、魚たちはやがて自滅の方向に向かうだろう。さらに、その魚たちを好物としていた鯨も、一時的にはこの世の春を満喫できるかもしれないが、その頭数も、減少したエサの奪いあいで徐々にマイナスに転じていくであろう。かくしてそこにある種の均衡が生まれ、一定数の小魚、一定数の

魚、一定数の鯨、一定数の貝……からなる海の平和が訪れる。人間が何も収奪しなければ、そのとき海は、いわゆる自然状態にもどる。

もう一問。

〈問い〉もし人間が米を食べなくなったら、地球上は米だらけになってしまうのではないか。

一時的には世界中の米倉庫はあふれかえり、収蔵できない米は野外に積まれ朽ちはてるか、焼却されるだろう。しかし中長期的には、米が消費されないとなればイネは栽培されなくなる。あえて栽培されなければ、肥料や灌漑設備がなくても育つ野生化したイネは若干残るにしても、それはおそらく、かつて人間がその実を好んで食べた植物だとして記念品扱いされる程度のものであろう。

さらにもう一問。

〈問い〉米も魚もなしで、人間はどのぐらい生存できるのか。

ここでいう「どのぐらい」とは人数のことである。東南アジアの人口密度が高いのは、米の人口支持力が小麦や大麦に比べて著しく高いからで、「米なし」となると、とても今のように多くの人口は支えられない。小麦と牛や鶏の肉と野菜しか食べられないとなったら、世界人口はかなり減少していくことになるだろう。人間が収奪

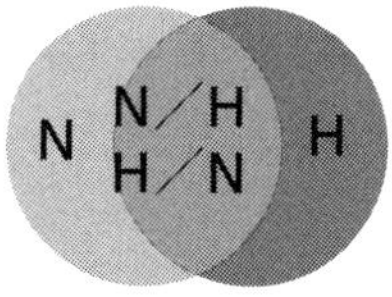

図２－２　自然と「自然」

をやめたら、自然は助かるだろうが人口は当然のごとく減る。

＊

「自然と人間の共生」が説かれるが、それはありえないことである。共生とは文字どおりおたがいに相手があるからこそ生きられるという共存共栄関係を示しているが、自然と人間の場合には、それは成立しない。人間はたしかに自然を必要としているがその逆はないからである。自然がもし口をきいたらこう言うだろう。「人間なんていない方がいいんだよ。人間がいるおかげで、俺たちは本当にいい迷惑なんだ」。

だから、両者の関係は、いわば人間の片思いにすぎない。

われわれが保護したがったり共生したがったりしているのは、自然ではない。「自然」である。図２―２のうち、Ｎは純粋に自然だと見なしてもいい部分である。地球上にそう多くは存在しないであろうが、一般に「人の手が入っていない」とされている部分ないし地震や気候変動など、「人の手には負えない」自然の脅威である。

Ｈは人間という存在のうち、自然とはまったく切り離された部分、いささか観念的な話になるが、言語活動とか芸術的価値の創造などの側面をさす。真ん中のＮ／ＨおよびＨ／Ｎは、自然の一部（動物）としての生身の人間ならびに、人間に制御されてしまった二次的な自然つまり「自然」をさす。昨今いやしの風景として注目されている棚田や里山は、この「自然」の典型である。

通常、われわれが語る自然とは、この「自然」の意である。自然と「自然」の大きな違いは、後者の場合、人間の文明とのなれあいがすっかり定着していて、下手に保護してしまうと、つまり手を加えないことを善として放置してしまうと、逆におたがいが困るという奇妙な関係に立ちいたっているということである。

言い換えると、「自然」は人間による改変や収奪をすでに織り込んだ存在だということである。昨今耳にすることが多い「持続可能な社会」とは、まぎれもなく、人間の視線が自然にではなく「自然」に注がれていることを物語っている。

＊

増えたのか、減ったのか、それとも……

ベーリング海に浮かぶアメリカ領プリビロフ諸島でおこった奇妙な現象についての梅崎の報告[3]をみてみよう。この地域では、オットセイの狩猟は、適切な資源管理について定めた条約にもとづいて行われていた。オットセイの狩猟は原住民の生活文化を守る上で必須の「なりわい」であったし、アメリカは、採取された毛皮の販売で大きな利益をあげていたのである。しかし環境保護団体の反対で、一九八五年、アメリカは、この条約から脱退し、オットセイ漁は、ごく一部をのぞき全面禁止となった。

全面禁止ならばオットセイは増えるはずである。ところが、一九八三年当時約二〇〇万頭いたオットセイが十六年後には八〇万頭まで激減したというのである。詳述する余裕はないが、原住民アリュート人の適切な間引きによってオス、メスのバランスが維持されていたそれまでのオットセイ社会が、保護という名の狩猟禁止措置によって崩壊し、「ハーレムを持つのに二十倍近い競争率を背負ったオスは二四時間闘争に明け暮れ、〈引用者中略〉やっとハーレムをもったオスもまわりの喧噪に神経質となり、個々のハーレムにおける出生率が著しく落ちて」しまったのが原因とされている。

混乱は人間社会にもおよんでいた。オットセイの民としてのアリュート人はそのアイデンティティを喪失し、補助金が打ち切られるや、将来への不安からアルコール依存者や薬物依存者が増え、当然のことながら犯罪が増加した。

*

以上の経緯をみるかぎり、本講のタイトル「保護されてオットセイは増えたのか、それとも減ったのか」に対する解答は「減った」ということになるのだが、本当にそうだろうか。

じつは、「約二〇〇万頭いたオットセイが十六年後には八〇万頭まで激減した」という表現がふさわしいのかどうかはわからないのである。数字を表面的にみるかぎり激減と言えそうだが、そもそも初期値の二〇〇万という数字は自然状態ではなく「自然」状態のそれ、つまり「人間の介入が織り込まれた出生数」から「自然死と人間による捕獲の数」を引いた数値である。いわば「人間との共生モード」での頭数である。

したがって、人間の介入がなくなって「自然モード」に移った以上、この初期値にそもそもそれほどの意味があるわけではない。残余の八〇万頭という結果は、それが自然な数値だったのかもしれないし、あるいは捕獲禁止という突然の事態によってひきおこされた極端な数値で、頭数はいずれ一二〇万あたりに「増える」（正確には「もどる」）のかもしれない。

減ったのか増えたのかという議論そのものが無効である。言えることは、個体数がもはや人間による収奪を織り込んだモードの中にある以上、むやみに保護すると、たとえそれが虚構の「自然」であったにせよ、ある種の均衡を破ることになるということである。それは人間にとっても、「二四時間闘争に明け暮れ」ることになったオットセイにとっても不幸なことにちがいないのである。

二人三脚のたとえ

日常的に口にする食料すべてについて、多かれ少なかれ、同様のことが言える。

たとえば米の消費量が減れば、自然に手を加えせっかく造成した水田という「自然」景観は崩壊し、それは、人間にとってなんの利益ももたらさない負の遺産となってしまう。だから、自然からみればたとえ偽りのそれであったとしても、均衡はそっとそのままであってくれる方がいい。

それゆえ、われわれは、粛々として「自然」を破壊しながら、その恩恵としての食料を、むしろ「自然」を保護するためにこそ生産し消費していけばよいことになる。自然が「自然」になってしまった以上、そのなかにある食料、つまりいのちを「いただく」のは、けっして後ろめたい行為ではないと強弁できなくもないのである。

冒頭に記した村井の問いかけへの回答は、とりあえずは以上である。

＊

われわれが食料を大量に生産し大量に消費しても、「自然」はその姿を自在に変化させて、けなげに人間につきあってくれるであろう。しかしそれは、「自然」が自身を統御できる範囲内での話である。このまま野放図に人間が欲望を拡大させれば、いつかは「もうつきあいきれない」と引導をわたされる日がくるにちがいない。

大切なことは、「自然」と人間は二人三脚だと心得て、急に歩を速めたり、環境保護だと叫んで急に立ち止まったりしないことである。「持続可能な社会」とは、「自然」を持続的に、修復可能な程度にうまく傷つけ続ける社会にほかならない。食物連鎖の最上位に立ち、唯一「いただかれない」存在となってしまった人間の、それは、他者すべてに対する責任であろう。

環境問題教育という環境教育問題

幸か不幸か、われわれのまわりには解決をせまられる問題が山積している。何とかせねばという思いをともかくも子供に伝えなければならない……、「わかる」という心の落ち着きどころを用意してやらなければならない……。だから教師は思いあまって、時に運動論へと没入していく。環境教育は環境問題教育ないしは環境保護教育と読み替えられる。そしてここでも、派手な体験活動ばかりが脚光をあびることになる。教師と呼ばれる人たちのただならぬ使命感のなせるところであるとは言え、事態は看過はできない。

牛乳パックを利用してハガキを作るという授業などは、教育ジャーナリズムが大きく喧伝したせいもあって、環境破壊をなげく熱心な教師をまたたく間に魅了した、しかしのちに、牛乳パックからパルプ成分を分離するために使用する薬剤の処理が学校では十分にできない以上、学校という単位で牛乳パックを不用意に洗浄、加工すると、いっそうの水質汚染を招くと批判された。

ビオトープづくりやケナフを使った紙づくりなど、学校は、「善意が引き起こす環境破壊」[4]に事欠かない。なぜなら学校は善意に満ちた空間だからである。しかも多忙な教師にとって、巷間飛びかう大きな声の議論のいちいちを吟味する余裕はない。教育雑誌に得意げに書かれている実践報告の真偽を見極める余裕もない。だから、業者が持ち込んだメダカを何気なく川に放すことが種の多様性を侵害する重大な犯罪になりうることにも気づかない。

議論の錯綜も見逃せない。たとえばケナフをめぐる論争でも、純粋な化学的、生物学的な議論がある一方で、「子供に環境を考えさせるきっかけになればよい」という観点からの議論がある。両者はおよそ別次元の議論である。そもそもかみあわない。ゆえにたまに論争になっても、双方消化不良のままに終わることが多い。そして、多くは、そういう論争すら見えないふりで、ただ子供の生き生きとした活動のさまに目を奪われ、これは教育的意味があるにちがいないと自身を納得させて授業を終わる。

*

環境教育を迷走させている犯人は学校の外にもいる。たとえば日本の捕鯨調査船に過激な妨害活動をしかけてくる集団があるが、クジラ肉のステーキを名物にしているベルゲンの有名レストランに彼らがおしかけたという話は聞かないし、動物保護を叫んでスペインの闘牛場になだれこんだという話もきかない。なにかべつな目的の遂行のために「環境」が錦の御旗としてすえられているにすぎないことはすぐに知れる。

こういう雑音を注意深く排除しながら、そして体験活動の魅力と誘惑を慎重に見極めながら、環境教育のあらたな展開を模索していかねばならない。たとえば、クジラ捕獲禁止が逆に「自然」を破壊しかねないという現実に向きあわせてやらなければ、本来の意味での「環境を考える授業」にはならないだろう。

食前に「いただきます」などと言わなくてもよいではないかという主婦の発言は、その趣旨を巧妙にすり替えてやれば、案外、挑戦的、野心的な授業の切り口として使えるのかもしれない。

＊

本講では「いただきます」と言わなくてもいい（かもしれない）もう一つの理由を考えることを通して、自然界の機微、環境教育の課題について述べた。

次講では、「いただきます」とやはり言わなければならないとしたら、その相手は誰なのかについて詳述する。

注

1　村井淳志『「いのち」を食べる私たち』教育史料出版会、二〇〇一、三〜四頁
2　鯖田豊之『肉食の思想―ヨーロッパ精神の再発見』中央公論社、一九六六、三七頁
3　梅崎義人『動物保護運動の虚像―その源流と真のねらい―』成山堂書店、一九九九、Ⅳ章
4　上赤博文『ちょっと待ってケナフ！これでいいのビオトープ？』地人書館、二〇〇一、第七章

第3講　ミルクコーヒーを注文できる喫茶店があるか
——循環について考える

ぼくは高等学校に通っています。この前、「現代社会」の授業で資源や埋蔵量のことが話題になりました。計算してみるとたとえば銅はあと四〇年分ほどしかありません。資源は大切に使わなければと先生はおっしゃいました。純情なぼくは、まったくその通りだと思いました。

ところがある日の物理の時間のことです。先生は質量保存の法則というのを教えてくれました。それによると、地球上の物質は宇宙開発などの特別な例を除いて、どこかへ消えてしまったり、どこかから生まれたりすることはなくて、全体の量は不変なのだそうです。純情なぼくは、「何だ、なくならないのか」とすっかり安心しました。

でもしばらくして気づきました。もし公民科の先生が正しいのなら理科の先生はウソをついたことになります。もし理科の先生が正しいのなら公民科の先生はウソをついたことになります。純情なぼくはどちらの先生も好きなので、どうしたらいいのかわからなくなりました。——

右はもちろんつくり話である。実際にこういう純情ぶった生徒がいたら厄介である。それはさて措き、二人の教師のどちらが正しいのか、両方正しいのか、両方まちがっているのか。

これはさほど難問でもないのだが、理科の教師と公民科の教師の発言の齟齬は、ありそうで案外気づかれていない、学校教育の一つの落とし穴にはちがいない。

不可逆反応の怪

第1講では食といのちの問題、第2講では生態系の機微について述べた。いずれも生物資源に関する話題であった。生物資源の問題は、ある意味、それほど深刻ではない。いのちは増やせるわけだから、人間が資源管理を徹底すれば、人口増が適度に抑制されるかぎり、人間も人間以外のいきものも、そこそこには均衡を保って豊かさをそれなりに享受することは不可能ではない。要は知恵の問題なのである。

本講でとりあげるのは、無生物資源、つまりいのちがない資源である。たとえば鉄やボーキサイトなどの鉱物資源、ウランや石炭などのエネルギー資源である。これらの可採埋蔵量は技術環境や経済環境によって変動するので、埋蔵量と生産量との単純な割り算にそれほどの意味があるわけではないが、しかし、暫定的なものではあれ可採年数の数値は、資源の有限性を強調する恰好の標識にはちがいない。

さて、冒頭に示した問題の正解は「どちらも正しい」である。

資源はそこに存在していても人間にとって利用不可能な状態であれば、実際には存在しないに等しい。理科の教師は資源の存在そのものを語り、公民科の教師は資源の有用性を語っているから、両者の発言が矛盾するような印象を与えただけの話である。

ただし問題はこのさきにある。総量が不変なら、こちらの方も知恵の問題で何とかならないのか？　有用性ないし利用効率をどんどん高めてやれば、少なくとも可採年数に一喜一憂するような不安定な状態からは脱することができるのではないか？

さて、そううまくいくのかどうか、検討してみよう。

＊

物質はまぜることによって一般にその資源としての有用性は減じる。ミルクコーヒーを例に説明しよう。

ここに、コーヒーとミルクと砂糖が用意されているとする。ブラックの好きな人はミルクと砂糖は無視してコーヒーをそのまま飲めばよい。ミルクコーヒーが好きな人はコーヒーにミルクを、砂糖入りが好きなら砂糖を、さらにミルクも砂糖も両方入れたければそうすればよい。それだけのことである。つまり、コーヒーとミルクと砂糖はそれぞれ単体として存在すれば、四種類の客の好みに対応できる。しかし三つをまぜてしまうと、ミルク砂糖入りコーヒーを好む人にしか対応できなくなる。言い換えれば、単体としてのコーヒーとミルクと砂糖の方が、その混合物よりも有用性は高いということである。

だから喫茶店ではミルクコーヒーは出さない。正確には、それをそれとしてメニューに掲げている例はまずない。ミルク砂糖入りコーヒーだけを用意し、カップの傍らに「ブラックの好きなお客様は、ミルクと砂糖を残してお飲みください」との注意書きを添えてあるような喫茶店には、プロの錬金術師以外、誰も寄りつかないだろう。

＊

コーヒーとミルクと砂糖をまぜることは小学生にも可能であるが、その混ざったものをもとどおりに分離することは、おそらく不可能である。できるとしても、それは日常世界にはない尋常ならざる手段を必要とする。A↓Bは可能でもB↓Aは可能とはかぎらない。これを物理や化学の世界では不可逆反応と言う。

身近な文房具から壮大な建築物まで、われわれは自然界からさまざまな物質を分離し、特定の目的のために物質を混ぜあわせることで文明を築いてきた。単純に言えば、文明社会というのはそういうことである。しかし、いったん混ぜてしまったものをもとの単体にもどすことは並大抵のことではない。

　この事実からすべての資源問題と環境問題が惹起する。

三つのＲ

関東地方のある県の総合学習発表会で配付された指導案に、あとの図（３―１）とともに以下のような記述があった。教師の指示・発問の欄である。


　自然の中から資源を取りだし、それを製品にする。作るときにゴミが出る。使い終わった時もゴミになる。これが自然に戻っていれば問題がないのです。これがグルグル回っていれば問題がないのです。グルグルグルグル回ることをリサイクルと言います。日本語では「循環」と言います。グルグル回っていれば問題ないのです。グルグルまわそうと努力している人たちがいるのですが、実際はまわっていないのです。

　現在、これは解決できないのです。解決できないとどうなるかというと、生物がいなくなる。人間がいなくなる。だから問題なのです。

　この問題、ここにいる人たち全員に関係しているのです。何としても解決してもらいたいのです。どうやったら解決できますか。どんな意見でもいいです。世界中の人間、だれも解決していないのだから。どうしたらいいと思うか、自分の考えを書いてごらん。

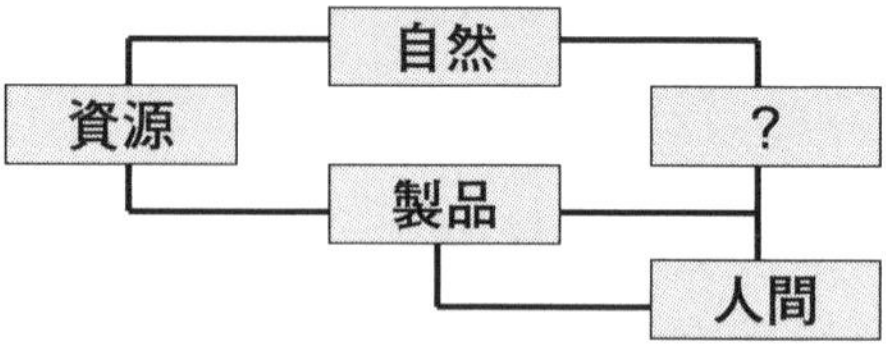

図３－１　ある研究会で提示された図

世界中の人間が考えても解決できない問題の答がこの県の小学生から出てくるはずもなく、問われた子供の反応は、「ものを大切にする」など、わざわざ環境について学習しなくても出てくる程度の心がまえ論に終始していた。当日示された図からもすぐに知れることなのだが、そもそもこの教師の教材観は不十分きわまりないものであった。授業が崩壊するのは最初からあきらかであったと言わざるを得ない。

＊

図３—１を書き直したのが図３—２である。自然界から原料を採掘し、それを加工して製品化し消費して最終的に廃棄物を自然界に出す。総量は不変であるから、左上の矢印Aと右下の矢印Bの太さは同じになる。この図は「グルグルまわって」いないので、開回路になっている。資源問題（左上）と環境問題（右下）が表裏一体のものであることが読みとれよう。

リサイクルは、厳密には廃棄物を波線矢印Cの方向に

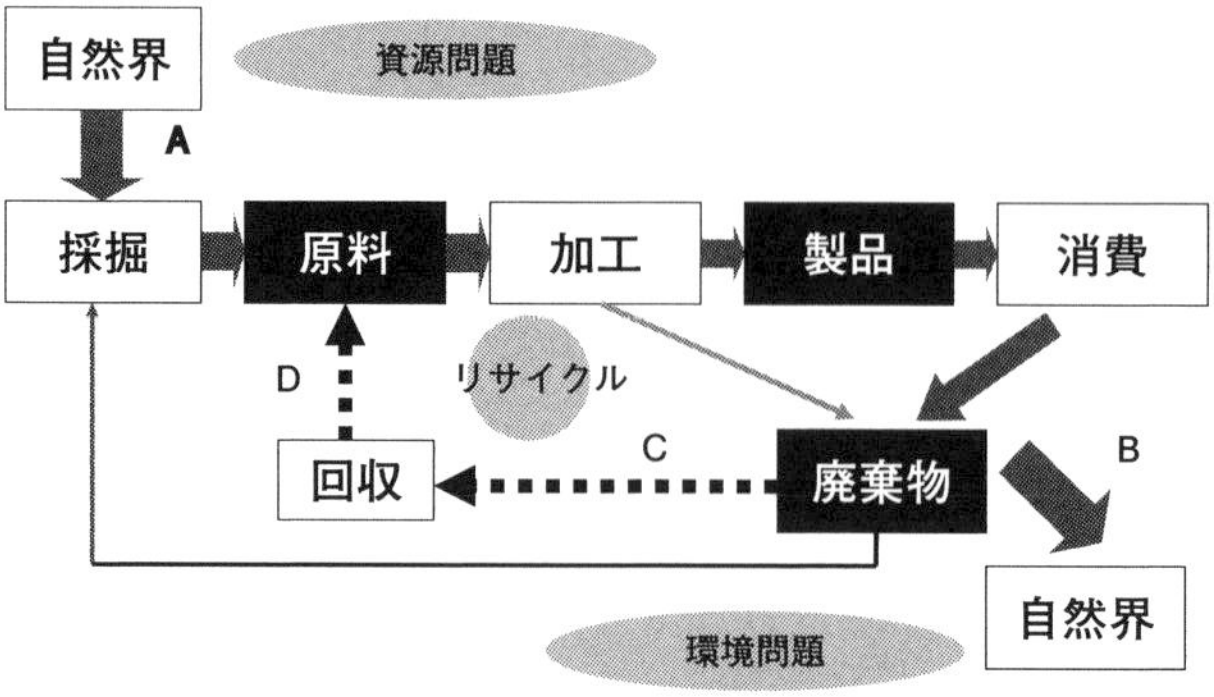

図３－２　資源問題と環境問題（１）

まわし、原料へと回帰させる（波線矢印D）プロセスのことである。もしこれが完全に機能すれば、矢印AとBは、波線矢印CとDに置き換わり、図は閉回路となって、資源問題も環境問題も一挙に解決するわけである。

しかし、それが原理的に不可能であることは、すでに述べたミルクコーヒー論からあきらかである。矢印Bが同じ太さの波線矢印Cにおき換わることはありえない。部分的には可能であったとしても、波線矢印CからDにいたるには、またそのための新たな原料資源などが必要となるはずである。いわゆるリサイクル懐疑論はここから発している。

＊

だが実際のところ、リサイクルという用語は、以上のような厳密な意味では使用されていない。世に言う3Rの残りの二つ、つまりリユースとリデュースも含めた広い概念として使われる場合がほとんどである。そういう意味でのリサイクルなら、ある程度は可能であるし、実際に効果をあげている。

ミルクコーヒー論から容易に想像されるように、「まぜる」ところから問題が発生するわけであるから、最初から「まぜない」、ないしは分離しやすい形にしておけばよい。最近の乗用車の車体部品はこの発想がおおいにとり入れられていて、原料にはもどせないが、それに近い部品レベルまでにならば「もどす」ことができている。ペットボトルのシールが簡単にはがせるように工夫されるのも、まぜないための工夫である。再資源化は無理だが再素材化は可能である。

この考え方を進めてさらに書き換えたのが次の図である。消費されたあとの製品は矢印Eとなって回収、補修される。それがそのまま再利用されれば日常レベルでのリユースになり、さらに素材レベルにまで還元されて原料にもどされれば工業生産レベルでのリユースである。

もちろん、いずれの場合も一定程度の廃棄物が生じるのは避けられないし、この右上の部分的閉回路だけで現在の文明社会が維持できるとも思われない。またミルクコーヒーのようにこの閉回路にのせたくてものせられない製品の方がむしろ多い。がしかし、右上の回路が機能すれば、自然界からの採掘分（矢印A）はいくらかは少なくなるであろうから、資源問題の低減には有効にはちがいない。さらに、いわゆるもったいない精神が行きわたれば、図3―3を構成する各矢印はおしなべて細くなるはずだから、リデュースが実現するというわけである。

＊

以上の内容をどこまで授業化するかは、もちろん子供の発達段階によ る。ただし、少なくともリユース、リデュース、リサイクルの本義を十分に理解した上で授業の準備にあたる必要がある。でなければ、結局のところ環境学習は、「環境をまもり隊」式の態度主義や行動主義に走るか、リサイクル万歳という観念的楽観論や、人類の滅亡は避けられないとする極端な悲観論に陥ってしまうだけである。

もう一つ指摘しておかねばならないのは、ボランティアとの関係であ

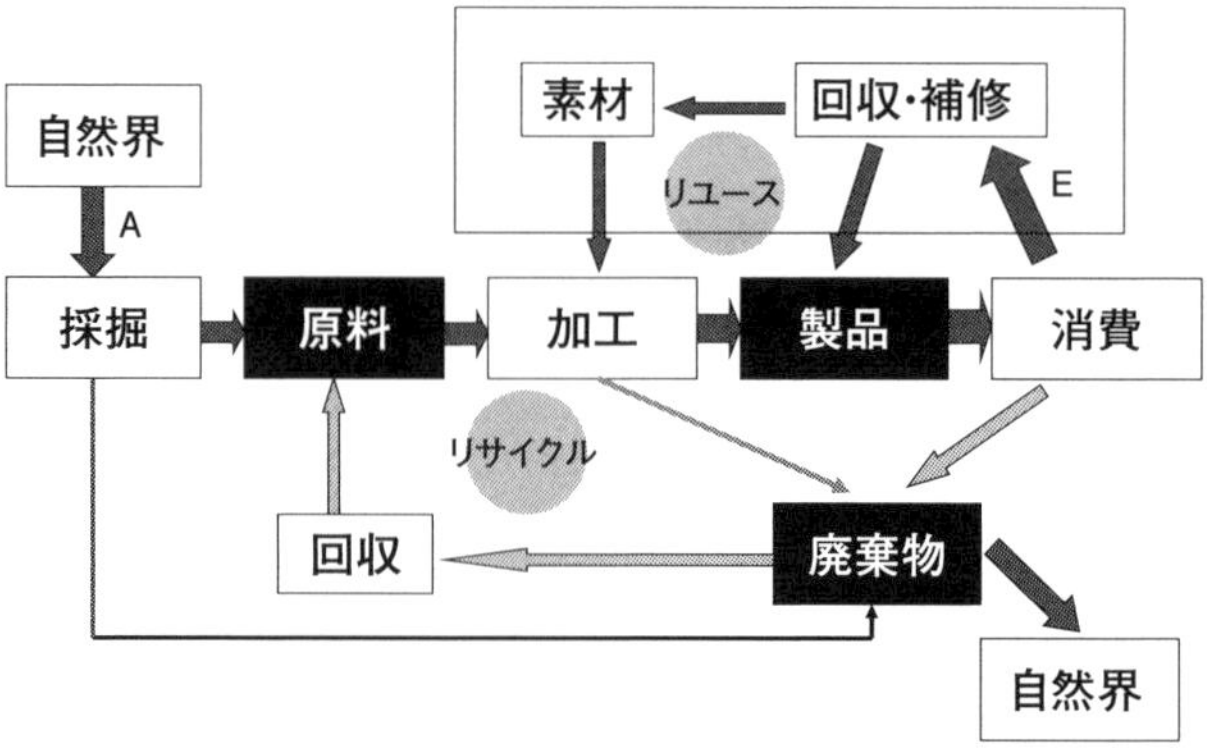

図3－3　資源問題と環境問題（2）

る。図3—3の右上の閉回路部分がより豊かに機能することが環境問題、資源問題の深刻化にブレーキをかけることになるのだが、そのために必要なのは、この閉回路が産業として成立することである。

学校教育の世界ではボランティアへの参加は無条件によいこととして推奨されるが、問題はその中身である。「一人ひとりにできること」を強調する風潮が昨今少なくないが、より有効なのは、ある機能の継続性・効率性を社会のしくみとして保証していくことである。子供自身が廃品を工場に運ぶのもいいが、環境問題を本当に考えるならば、廃品回収業が職業として、できるならば魅力的な職業として成立するような社会をつくることである。

社会機能のうち、ボランティアがどの部分をどの程度ひき受ければよいのか、その視点を欠いた単なる活動主義は、むしろ危険な精神主義にほかならない。

宇宙のめぐみ

前項では、適度に楽観的で適度に悲観的な小括を得たわけであるが、じつは図3—3からは、ある重大な要素が欠落している。それは、各矢印のいずれの過程においてもエネルギーが必要だという点である。

さきにリサイクルへの懐疑論に言及したが、その主要な論点は、エネルギー資源の消費も含めたリサイクルのトータルコストの問題である。使い古した製品を回収して再素材化すれば原料レベルでのリサイクルは実現するかもしれないが、その過程で確実にエネルギー資源は消費される。したがって、エネルギー資源の減損分をも考慮に入れた場合には、リサイクルなどせずにむしろ古い製品は廃棄した方がよい場合もありうるのではないか……というわけである。もちろん、エネルギーの消費は多くの場合、二酸化炭素の排出と連動するから、懐疑論は環境問題の視点から強調されることも多い。

温室効果ガス問題は措くとして、ここでは、エネルギーじたいのリサイクルが可能なのかどうかという疑問を切り口に話を進めていこう。

*

エネルギーは、その保存則（熱力学第一法則）で知られているように、たとえば位置エネルギーから電気エネルギーへ、電気エネルギーから化学エネルギーへというように姿を変えつつも、その量は決して増減するわけではない。もちろんだからと言って安心できないのは、ミルクコーヒーの場合と同様である。いや、ある意味ではエネルギーはミルクコーヒーよりも数段厄介である。

一般に自動車はガソリンの化学エネルギーを運動エネルギーに変えて走行する。自動車が停止するということは運動エネルギーをゼロにするということであるから、制動時には、その余った運動エネルギーは、タイヤとブレーキとの摩擦熱となって大気中に放出される。問題はこの「熱」である。

制動時に自動車が熱として大気中に拡散させたエネルギーをもとどおり化学エネルギーとしてガソリンなり石油なりの中に閉じこめなおすことは、当然ながらできない。電気自動車やハイブリッドカーなど、余分な運動エネルギーを電気エネルギーのかたちで回収する技術が開発されているが、それも完全ではないことは、つねに外部からのエネルギーの補給が必要であることからもあきらかである。回収不可能なロスは必ず発生する。

もっと単純な例を出せば、摂氏二十度の焼酎と摂氏八十度のお湯を等量まぜて摂氏五十度のお湯割りをつくることはできるが、しかしそのお湯割りが気に入らないからと言って、もとの焼酎とお湯にもどすことはできない。オンザロックは放っておくと水割りになるが、水割りをどうひねくりまわしてもオンザロックはできない。それが可能になれば、つまりエントロピーを低下させることができれば人間社会の未来は明るいが、しかしそれはありえない。総量は不変でも、エネルギーはつねに使いにくい方向へと姿を変えていく。まして永久機関をつくることなど永久の夢である（熱力学第二法則）[1]。

＊

原発事故以後、「再生可能エネルギー」という用語がすっかり市民権を得て好んで用いられている。おそらくは環境教育の場でも、この呼称は無意識に多用されているはずである。

たしかに水や風は、石油や天然ガスやウランのように枯渇するものではない。しかし、風や水、地下から噴出する高温の蒸気などは、エネルギーそのものではなく、それを運ぶ媒体にすぎない。風力発電とは運動エネルギーをもった空気をつかまえて、そのエネルギーを横取りするしくみである。水力発電は水の位置エネルギーを、地熱発電は蒸気の、潮汐発電は波の運動エネルギーを横取りするしくみである。エネルギーは消えるわけでも再生するわけでもない。エネルギーのメッセンジャーである空気や水がくりかえし利用可能であるにすぎない。

要約すれば、石油や天然ガスなどは「再生不可能エネルギー資源」であるが、空気や水は「再生可能エネルギー媒体」だということである[2]。

ではこれらの媒体に力を与えている根源は何か。空気に力を与え風にしてくれる偉大な存在、海の水を雲に変え位置エネルギーを復活させてくれる偉大な存在とは何か。その源をたどれば、それは地球にふりそそぐ太陽の熱である。水を地下でふたたび勢いのある熱水に変えてくれる救世主は地熱、つまり地球それ自身の熱である。貿易風や偏西風は日射量の偏差とコリオリの力に由来し、潮汐は月の引力のおかげである。

要するに、「再生可能エネルギー」などと曖昧な表現で呼ばれている救世主たちとは、太陽や地球という宇宙のめぐみにほかならないことになる。エネルギーじたいは消滅もしていないし再生もしていない。エネルギーは宇宙のめぐみとして人間に与えられているのである。人間はそれを利用し、最終的には熱というかたちでそれを宇宙に返している。

＊

あらためて考えてみれば、石油も石炭も天然ガスも、そして生物資源たちも、もとをたどれば宇宙のめぐみにほかならない。学校教育の場では、資源問題や環境問題を「地球的視野で考えさせる」ことの重要性が叫ばれるが、以上みたように、真に人間の生き方とかかわらせて資源や環境の問題を論じたいと願うならば、それは「宇宙的視野」で考えざるを得ないのではないか。

なるほどだからこそ古来多くの民族が太陽を神としてきたのか……と、遠い歴史にも思いをはせるだけのスケールの大きな環境教育も、そこからなら語りはじめることができる。

未来のプロメテウスたちが、地上の太陽＝核融合発電を安全に実用化するその日まで、われわれは太陽にむかって「いただきます」と言い続けなければならないのである。

注

1　熱力学に関しては左記が参考になる。
都築卓司『マックスウェルの悪魔　確率から物理学へ』講談社、二〇〇二

2　風力や潮汐などは自然現象にともなうエネルギーであり、「再生可能エネルギー」と呼ぶよりも「自然エネルギー」と呼ぶ方が「自然」である。

二　国際化とグローバル化の教育学

第4講　地球市民は泥棒に入られたらどこに電話するのか
——帰属について考える

タンザニア第二の都市アリューシャから車で走ること半日近く。ンゴロンゴロの大クレーターをすぎたあたりに「しかるべきマサイの村」がある。しかるべき、というのは旅行者の好奇心を万事心得た、という意味である。村長——彼の元妻はアメリカ生まれの白人だった——との交渉が成立すると歌や踊りが始まる。マサイの文化はつつがなく消費され、その報酬はアメリカドルで支払われる。

停留所でバスを待つマサイ、町にはコーラの看板、漢字を大書したままのニッポンのマイクロバス……、グローバリゼーションの波は、このサバンナの国にも確実におし寄せている。だから現地通貨など無用の長物である。1ドル札を大量に持ち歩くのが、旅の基本的な心得である。

しかしそれにも抗して国家は健在である。大仰にスタンプを並べて入国手続きが終わるまで、ケニアからやってきた旅人はナマンガの国境検問所で暑苦しい一時間ほどを耐えなければならない。両国の国境線などじつはあってなきがごとしで、実際、二つの国にまたがって広がるセレンゲティの草原など、チーターと競走して勝つ自信さえあれば、どこをどう歩こうとおかまいなしなのだが、それでもそこにも一定間隔で背丈ほどもない石柱が立ててあって、国家の領分をしっかりと主張している。

宇宙から見た地球には国境がないと感激してみせた飛行士がいた。しかし人間といういきものは、そこに線を引きたくてしかたがないのである。

現象と当為

グローバリゼーションとは、人間活動の諸相が地球規模で影響しあうようになったという「現象」をさす。

一つには相互依存関係の深化という「現象」がある。たとえば、日本人が享受している豊かな食生活は、世界スケールで広がる貿易取引ネットワークのおかげである。日常の食卓を例に、われわれの生活は世界と結びついているのだとする授業は、小学校社会科「国際単元」でもすっかりおなじみとなっている。その他、政治、経済、文化、スポーツから著名人の不祥事まで、さまざまな情報が、いまやインターネットを介して瞬時に世界に提供され、消費されていく。

いま一つ、人間、物資、情報の交流が活発化するにつれて、世界が平準化してきたという「現象」がある。たとえば大都市の中心駅や空港など、多様な人がつどう場所に掲出されているピクトグラフは、言語の壁をこえて人々を誘導する。コーヒーカップの絵があれば、それが喫茶を表すことなど、学校で教わらなくても直観でわかるから便利なことこの上ない。国際空港の基本的なつくりもまたほとんど世界共通である。機能性を考えればおのずと似たようなしかけになるのだろう。だから、その要領さえつかめば、見知らぬ土地の一人旅もさほど不安なわけでもない。

もちろん、いくら相互依存関係が深化し平準化がすすんだとは言え、いわゆるローカルなものが一方的に凌駕されているわけではない。言語、習俗、暦、死生観など、基層文化と呼ばれる部分は驚嘆すべき粘り強さでもって生き残り、この小さな星に多様な彩りを提供してくれている。

＊

しかし、あきらかに不都合な「現象」も噴出している。病原体としてのウイルスや、それに言寄せて名づけられたコンピュータウイルスは容易に国境を越えて蔓延する。為替相場の混乱は時に国家や国際組織の思惑を越えて広範囲におよぶ。シェンゲン条約は西ヨーロッパの人や物の自由な流れを加速させ経済の活性化に貢献したが、当然のことながら、国境を越えて活躍したいと願っている多くの犯罪者や不法就労者を確実に勇気づけた。不都合な「現象」の最たるものは、さまざまな情報の受発信や物資の流れが、著しく非対称的になってきたということである。

たとえばアメリカドルはタンザニアになだれ込んでいるが、タンザニアシリングがアメリカで通用することはない。国際会議や国際空港で大きな顔をしているのは英語をはじめとする西欧の言語であってスワヒリ語ではない。世界各地の大都市でハンバーガー店を見つけるのは、マサイ料理の店を見つけるよりもはるかに容易である。もちろん文化人類学者が言うように、「文化帝国主義にもとづいて言われるようなマクドナルダイゼーション（マクドナルド化）が一方的に起こるのではなく、ローカリゼーション、すなわち現地化も同時に起こる」[1]のは事実にしても、どのように変装したところで、しょせんハンバーガーは西欧の産物なのである。

産業革命以降、世界の富に著しい不均衡が生じてしまった以上、この非対称性はある程度いたしかたないものであるが、受け身の側からすればけっして心地よいものとばかりは言えない。さらに、いわゆる先進国側が、勢いにまかせて、平準化つまりグローバルスタンダードの一層の普及に執心するようになってくると、その非対称性はもはや「いたしかたないもの」ではなく、一定の意図のもとに増幅された「未必の故意」ないし「作為」と化してくる。

かくして、政治、経済、軍事、文化などさまざまな面での欧米基準の世界標準化に対して、アンチ・グローバリゼーションの声が澎湃とわき起こってくる。単純な意味づけは慎まねばならないが、9・11はその象徴と言えるだろう。

＊

一方にグローバリズムということばがある。イズムは、多くの場合「当為」つまりなんらかの主義主張や一定の方向性を表す接尾語として用いられる。ナショナリズム（国家主義）、エスノセントリズム（自文化中心主義）、プラグマティズム（実用主義）、ペシミズム（厭世主義）、リアリズム（写実主義）などである。この文脈で用いるならば、グローバリズムは地球主義である。具体的な表現をとるならば地球至上主義、地球市民主義、批判的に書けば地球全体主義である。

もちろん、さきに指摘したように。「作為的なグローバリゼーション」とここで言うグローバリズムの腑分けはかなりむずかしい。非対称のどちらの側に立つかによって解釈は異なると言ってもよい。だからこの二つの用語は、必ずしも「現象」と「当為」という意味で使いわけされているわけではない。G8先進国首脳会議には過激な反対集会がつきものとなっているが、その集会は「反グローバリズム運動」と呼ばれたり、「反グローバリゼーションの動き」と報じられたりする。

したがってここでは用語の問題にこれ以上深入りはしない。ただ、「現象」としての地球化と「当為」としての地球主義は、あきらかに異なる概念であるということを強調しておきたい。と言うのも、グローバル教育について語るに際して、この両者はしばしば混同され、概念の混濁以上の大きな不幸を招来しているからである。

危険な傾斜

地球化「現象」の実態や課題について学ぶこと、つまりグローバリゼーション理解教育という意味でグローバル教育がなされるのだとしたなら、それはとくに問題をはらむものではない。現代人にとって、それは必要な教養の一つにはちがいないのである。ところが一方、グローバル教育の名のもとに、一定の主義主張すなわち地球全体主義的な主張を到達目標とする教育が行われることがある。「地球市民になろう」とか「地球市民をめざして」などという軽いノリの標語が、学校という特別な場所には少なからず見うけられるのである。実際その大半は軽いノリであって、教師自身が必ずしも全体主義に心酔しているとはかぎらないのだが、それにしても、このような物言いは危険である。

＊

そもそも論として、地球主義であれ何であれ、一定の主義主張を掲げそれを絶対善として教えるという行為は、教育ではなく洗脳になるからである。内容の善し悪しではない。

同様の文脈で言えば、国際理解教育という枠組みもじつは怪しい。国際理解とは、国際情勢の理解という意味で使用されることはまれで、多くの場合、国際的な相互理解という意味で用いられる。さまざまな文化を背負った人々が狭い地球で肩寄せあって共存していくには、おたがいの事情をできるだけ斟酌して暮らしていかねばならないのは当然としても、だからといって相互理解の大切さを直截に訴えるというのは教育の原則に反する。「理解」という最終到達価値を「教育」という言葉の前に付置してしまってはまずいのである。このことは「環境教育」と言うときのイメージと「環境保護教育」と称したときのイメージの差に注目すればよく理解されるだろう。

＊

反駁もあろう。教育には必ず目標があるはずで、そのめざすべき子供像の具体がいまや地球市民なのであれば、それも許されるのではないか……という反駁である。もちろん理屈としてはその通りである。しかしこの反駁は有効ではない。なぜなら地球市民そのものがひどく怪しい概念だからである。

虚構を突くのは簡単である。「地球市民は泥棒に入られたらどこに電話するのか」と問えばよい。電話の相手はどう考えても警察であり、その警察というのはまぎれもなく国家権力である。望むと望まざるとにかかわらず、目下、われわれは国家を無視しては安穏と暮らすことはできないのである。海外にあっては、「日本国民である本旅券の所持人を通路支障なく旅行させ、かつ、同人に必要な保護扶助を与えられるよう、関係の諸官に要請する。日本国外務大臣」と書かれたパスポートがいかに心強いものであるか、とくにトラブルがあった時など身にしみてわかる。もはや国家の時代ではないなどとは、口が裂けても言えないはずなのである。

もちろん地球市民論が国家について黙殺しているわけでは必ずしもない。しかし実際のそれは、国家の限界や国家の存在の希薄化については熱心に語る反面、国家の有益性、有効性などについて触れることは少ない。しかし、地球化が進む今日だからこそ、国家の有用性と限界性はむしろ見極められねばならないのである。

項を変えて、現代世界における国家の位置取りについて、あらためて考えてみよう。

共同幻想という幻想

国家について語ることの大切さには枚挙のいとまはない。

まず指摘しておかねばならないのは、「人や物や金が国境を越えて動くようになった、だから国家なんて……」という言説の無意味さについてである。なぜか。それらが動くのはまさに国家があり国境があるからである。わかりやすく資金の流れで言えば、たとえばA国の長期金利が1％でB国のそれが3％だとする。誰がみてもB国の債券に投資する方が有利だから、資金は国境を越えてA国からB国に動く。この流れは当然のことながら為替相場に一定の影響をもたらす。ながらく低金利にあえいでいた日本の投資が新興国の高金利通貨や債券に向かったのは記憶に新しい。この場合、それぞれの国の金利はそれぞれの国のファンダメンタルズ（基礎的な経済環境）やそれを視野に入れた各国政府の金融政策によって決まる。つまり、国家の機能が低下したから資金が動くのではなく、国境のこちらとあちらが違うから資金が動き為替が動くのである。人間や物資についても同様である。

第二に、昨今のグローバルな問題の解決にこそ、国家あるいはその連合体が十二分にその機能をはたさなければならないという事実が指摘できる。たとえば温室効果ガスの増加が地球温暖化の原因だとして、その削減交渉の主役となりうるのは国家しか考えられない。最前線での実働にはＮＰＯなどの民間団体のフットワークのよさが生きるが、しかし削減目標の設定など大枠を決めるという作業は、今のところ、国家間交渉に委ねるしか手段がないこともたしかである。その他、海洋汚染防止、野生動物保護、貧富の格差是正、金融不安への対処、パンデミックの阻止、貿易ルールの見直し、人権の擁護など、あらためて考えると国家の出番はまだまだ多い。

第三にあげておきたいのは、国家は、政治、経済、軍事などをつかさどる機能的な組織であると同時に、共同体としてのエモーショナルな側面を抜きがたく胚胎しているのだということである。故郷や故国にたいする思いにいかほどかのバイアスがかかるのは社会的動物としての人間の自然な情動で、わが方が国際的な大舞台での試合にのぞむとなれば、自国の名を叫んで応援に狂奔するというのは、まぎれもなく「人間の証明」である。非常な犠牲を払って独立を勝ちとった新興国の人々が国旗や国歌にただならぬ思いをいだくのもじつに自然な風景と言うべきである。金メダルに歓喜するのも敵国を撃破して歓喜するのも、その淵源にいささかの変わりがあるわけでもない。大切なことは、そのようなパトリオティックな情動やその投影先である国家なる存在を異常だとして避けることではなく、自他の内面に沈潜するその情動の光と影をともに引きうけながら、国際社会の現実を生きることである[2]。

＊

閑話休題。にもかかわらず、国家を否定するようなムードが醸成されたのはなぜだろう。グローバリゼーションの必然の結果だと気軽に説明する向きもあろうが、それには疑問が残る。グローバリゼーションの流れが加速したのが、第二次世界大戦後だとしても、いわゆる地球市民論の台頭との間には時間的なズレがあるからである。

むしろ説得的なのは、「地球市民論の台頭は、グローバリゼーションの加速というよりは、じつは一九八九年のベルリンの壁崩壊あたりを端緒としているのではないか」という見方である。つまり壁崩壊を契機として、それまでの理想像としての社会主義が急速に色あせてしまったため、資本主義国家内部での反体制運動は、眼前にある自国の体制批判に替えて国家という枠組みそのものへの批判、さらには、近代国民国家否定論にまで矛先を移行させてきたという見方である。

いずれにせよ、国家という代物はまだまだ健在である。「構築物だ、共同幻想だ」と単純に黙殺してそれですむというものでもない。たしかに、国家権力という言葉から派生するイメージには、あまり明るいものがないことも事実であるし、国家間交渉には醜悪にもみえる駆け引きがつきものである。一方、それを尻目に昨今はNPOやボランティアの多方面での活躍がめざましい。そのようなあれこれを想起すれば、国家権力への期待感も薄れかねないのはたしかなのだが、しかしだからといって必要以上に対峙的になるのは得策ではない。NPOの活躍やボランティアの活躍も、一方に権力機構が確立しておればこそ、その効果も増大する。くり返すが、国家の出番はまだまだ多いのである。

本講は国家擁護論でもなく国家礼賛論でもない。本講は、グローバルだ地球市民だというかけ声のなかで、地に足のついた国際感覚ないしその涵養への努力が薄れゆくことに対する警鐘である。いま必要なことは、国家への攻撃でもなく隷従でもなく、巨大な権力機構を抱え込み背負っていくことの心地よさと危うさの両方を再確認し続ける努力なのである。

＊

吉永潤は言う[3]。

このような状況下において求められる教育とは、一言で言えば、〈引用者中略〉「どれくらいなら自国の利益や繁栄を考えていいのですか？」との問いを立て、それを学習者に考えさせる教育である。それは、自国益の一方的な主張と追求を教える教育ではない。自己とは独立変数の他者を想定し、どのような手段選択が現実に可能で、そのどれ、ないしどの組み合わせが自国の存立と利益を保持しつつ相手との合意に達しうるか、また人類益やグローバルな公正と合致しうるかを、過去や現在の具体的事例に則して学習させようとする企てである。

つけ加えるべきものはない。

人類五万年のドラマ

異界への憧憬と豊饒への渇望が人間の偽らざる本性だとするならば、その凝縮された思いの空間的投影とも言えるグローバリゼーションの、その淵源を求めての旅は、ナヤン・チャンダが言うように、おそらくは五万年の昔に遡ることになるであろう。氷河期末期、「『M１６８』という平凡なレッテル」をつけられたＹ染色体と「『アフリカのイヴ』の娘たちの一人のミトコンドリアＤＮＡ」[4]をもったわれらが祖先が、アフリカ、のちにタンザニアと呼ばれることになるあたりから世界各地にむかって旅立っていった。「グローバリゼーション・人類五万年のドラマ」の始まりである。

グローバリゼーションは、けっして今に始まったことではない。五万年前まで遡るというのはいささか想定外にせよ、シルクロードをめぐる壮大な交流の歴史はわれわれにもなじみ深いし、中南米からイタリアにトマトを届け朝鮮半島にトウガラシを届け、現在のピザやキムチの誕生をうながしたのがコロンブスを嚆矢とする大航海時代であったこともよく知られていよう。

＊

以後、人間たちは、この星の上に線を引き回ることに忙しかった。十八世紀以降、近代国家という強い力と意志をもったアクターが登場することで、従来のグローバリゼーションの様相に大きな変化が現れた。交流にも強烈な意志が介在するようになり、結果としてそれは多くの異形を生んだ。植民地が生まれ消滅し、国家間紛争や貿易摩擦や民族問題がおこり、それら諸矛盾の解消をめざして国際条約や国際機関が続々と生まれ、そして諸国家と諸国民の相互理解や協調体制が模索されるようになった。

そしていま、あらためてグローバリゼーションが説かれている。しかしそれは、近代国家という派手なアクターが一歩あとに引いたという程度のことである。国際化の時代が終わっていま新しくグローバル化の時代が始まったなどというのは、あまりにも近視眼的なとらえである。線引きへの執念は、まだまだ消えたわけではない。

世界が一つになることはありえない。自己確認には他者が必要である以上、人は自分とは異なる何ものか、つまり一つ以上のべつな部分を必要とするからである[5]。それを国家と呼ぶかどうかはともかく、人間が何らかのかたちでたがいに他者を必要とする状況に変わりはないだろう。だから、世界が一つになることはありえない。

いま必要かつ可能なことは、地球市民になれと叫ぶことではなく、時に応じて地球市民になったぐらいのつもりで世の中を見渡してみることの大切さについて、静かに語りあうことである。

注

1 ジェームス・ワトソン（編著）（前川啓治ほか訳）『マクドナルドはグローバルか』、新曜社、二〇〇三、五頁

2 熱狂の対象がいわゆる近代国家であるとはかぎらない。ウェールズやアルザスなど、国家内で独自の文化的紐帯を保持している例も少なくない。しかし、このような例を列挙することで国家の地位の相対的低下を主張するのにはかなりの無理がある。

3 吉永潤「『放棄』の思想としての日本型グローバリズム」『異文化研究』7、二〇一〇、十九頁

4 ナヤン・チャンダ（友田錫ほか訳）『グローバリゼーション 人類5万年のドラマ』上、NTT出版、二〇〇九、三二頁

5 たとえば、カタルーニャという存在が認識可能なのは、そうではないカスティージャやアンダルシアが存在するからである。地球つまり「全体」がやっかいなのは、そのような対照すべき他者をもたない点で、前著『教育文化人間論』ではそのジレンマを「地球市民にはバルタン星人が必要である」というたとえで示した。
小西正雄『教育文化人間論』東信堂、二〇一〇、二一〇頁

第5講　子供が母親に母国語を教える国があるのか

――同化について考える

ダイヤモンドヘッド北麓の閑静な住宅街にカイムキ中学校がある。ホノルル日本人学校、通称レインボー学園は、この中学校の校舎を借りて土曜日だけ開校する授業補習校である。補習、というのはつまり、ウィークデーに通う現地の幼稚園、小学校、中学校では学べない内容を補うという意味で、具体的には日本の教育課程に沿った国語、社会（五年生以上）、そして算数・数学の授業を提供している。

ここレインボー学園に通う子供の多くは、ハワイないしはアメリカ本土で生まれ、ハワイで成長し、将来はハワイにとどまらずアメリカ本土その他へ進学する。必ずしもその視野に「日本」があるわけではない。一方、子供たちの親の少なくとも一方、多くの場合母親は、日本で生まれ育ってきている。子供が現地校に通い日常会話から母国の言葉＝日本語が少しずつ消えていくことに寂しさを禁じえない。だから親は、高い授業料を負担してまであえて子供に「日本」を学ばせる。家族が家族であるために、それが必要だからである。子供に母国語を伝えたい……、情念のようなものがそこにある。

幼児は、母親の問わず語りをとおして言語を獲得する。だからそれをマザー・タン、母語（母国語）と言う。「子供が母親に母国語を教える」というようなことは、したがって、まずありえない。そのまずありえないことがしばしばありうる国へ行くには、この常夏の楽園から北へ約一四〇〇〇km、地球をほぼ三分の一周しなければならない。

ディアスポラのはて

国際化ないしグローバル化時代における人間と国家、人間と文化、人間と言語の関係を考える時、恰好の、いや、いささか極端すぎるがゆえに印象深い材料を提供してくれる事例地、それがイスラエルである。

イスラエルの民がローマ軍に破れ、世界各地へと離散していった人類史上希有な悲劇をディアスポラと呼ぶ。昨今この言葉は、明確な所属をもたない自由人のような、むしろプラスイメージで語られることもあるが、それは二千年の過酷な放浪を余儀なくされたユダヤ人に対しては、はなはだ失礼な用い方である。正確に言えば、問題の本質は、ユダヤ人たちが祖国を失ったことそれじたいにあるのではない。祖国を失いながらもなおかつアイデンティティを失わなかったところにディアスポラのディアスポラたるゆえんがある。なぜなら、どこかの民族に同化してしまっていたら、そもそも悲劇など生じてはいなかったのだから。

二千年の時をつらぬいて生き続けたアイデンティティは、ユダヤ教徒としての強靭な信仰に裏打ちされていた。彼らは独特の宗教儀式を厳格に守りつつも、実生活面では、それぞれの土地でその土地の言語を獲得し、商習慣を会得し、生活の糧を得、ときには社会的な地位も手にしてきた。それは生きるために必要なことではあった。しかしその代償は小さくなかった。放浪のはてに、彼らは、宗教儀式のための文語表現などの特殊な用法を除いて、自分たちの言語＝ヘブライ語を失ってしまったのである。

＊

一九四八年、イスラエル建国。続々と帰還してくるユダヤ人に対して国家がまず行わなければならなかったのは、彼らの生活を保障することである。そのためには仕事を与えなければならない。しかし彼らの話す言語はロシア語、英語、スペイン語、フランス語とさまざまである。公用語であるヘブライ語に習熟させるために、政府は各地にウルパンと呼ばれる定住支援のための社会教育施設を設置した。そして子供たちには、学校で母国語を教えた。

結果、とり残されたのは、専業主婦層である。彼女たちは母語であるロシア語やスペイン語を操ることはできても、ヘブライ語に親しむ機会に必ずしも恵まれたわけではなかった。そういう母親たちにとって、子供が話す母国語はまぎれもなく「外国語」であった。

「子供が母親に母国語を教える」[1]という、このありえない風景の背後には、気の遠くなるような歴史物語があったのである。

*

以下に紹介するのは、イスラエルのなかでも代表的なウルパンの一つであるウルパン・アキバにおける帰国者(新規移民)のための定住支援研修プログラムの一端である。

国際理解教育や多文化教育など、国際化、グローバル化にともなうあらたな教育の枠組みが提案されているが、少なくともわが国の場合、その中にあって定住支援教育はまだまだ手探りの状態だと言っても過言ではない。その背景は後述するとして、まずはウルパンの実情をのぞいてみよう[2]。

ウルパン・アキバ

ユダヤ教の聖人ラビ＝アキバにちなんで名づけられたウルパン・アキバは、整備されたカリキュラムをもち、国外にまでその活動が知られたウルパンである。国際的にユニークな学校を紹介する英語サイトでは「語学学校」と分類されているが、これはまったく一面的な分類で、実際には、新規移民のための定住支援教育を中心に、イスラエルの兵士教育、国内の民族相互理解のための教育、国外からの研究者や一般人を対象としてヘブライ語やユダヤ文化を紹介する体験教育など、幅広い教育プログラムを提供している総合的な社会教育施設である。

開設は建国まもない一九五一年。現在、校舎ならびに附属施設はテルアビブの北約三〇㎞にある地中海岸の都市ネタニヤにある。創設者シュラミス・カツネルソンはこれまで二度ノーベル平和賞の候補となったが、おおかたの想像するところの理由で受賞はかなわず、先年他界した。

＊

表5―1にあるように、研修の一単位プログラムは二四日間であり、四日間の休暇を含めて四週間ごとに同様の研修がくり返される。新入学生は簡単な面接テスト（英語、アラビア語、フランス語などによる口頭試問）によって初級、中級などのクラスにわりふられる。クラス分けで興味深いのは、同じ言語を第一言語とする生徒をなるべく同じクラスにしないことである。授業中は第一言語による生徒間の私語は禁じられており、生徒は自分たちにとっては「外国語」でしかないヘブライ語でもってしか、たがいにコミュニケートできないという状況下におかれる。

多様な言語集団が集まっているので、入学式もユニークである。校長の式辞も、ヘブライ語、英語、アラビア語、ロシア語などで行われる。新入生はとりあえず第一言語ごとに老若男女関係なく集められ、相談して一つの

表５−１　研修プログラムの一例

	08：00 〜09：30	09：40 〜10：40	11：00 〜11：55	12：05 〜13：00	夕方と夜の選択科目
1月29日（月）	08：30　入学登録　11：15　入学式 14：00　昼食				20：00　フォークダンス
1月30日（火）	会話実習	会話実習	音楽	会話実習	17：30　聖書講読　19：45　合唱練習 20：00　選択補講
1月31日（水）	会話実習	会話実習	講義A	会話実習	16：30　聖書講読 20：00　ビデオ鑑賞
2月1日（木）	会話実習	会話実習	講義B	会話実習	14：00　ミニ遠足（周辺の自然観察）
2月2日（金）	会話実習	会話実習	会話実習	会話実習	16：55　安息日の行事 19：00　安息日の会食
2月3日（土）	08：00　朝食　自由懇談				（17：53　安息日終了）
2月4日（日）	会話実習	会話実習	会話実習	会話実習	20：00　フォークダンス
2月5日（月）	会話実習	会話実習	音楽	会話実習	19：45　合唱練習　20：00　選択補講
2月6日（火）	会話実習	会話実習	講義C	会話実習	17：30　聖書講読　20：00　講義D
2月7日（水）	会話実習	会話実習	講義E	会話実習	16：30　聖書講読　20：00　選択補講 20：00フォークダンス
2月8日（木）	会話実習	会話実習	会話実習	会話実習	13：45　半日バス遠足（テルアビブ市内＝博物館、青空市場）20：00フォークダンス
2月9日（金）	会話実習	会話実習	会話実習	会話実習	17：01　安息日の行事 19：00　安息日の会食
2月10日（土）	08：00　朝食　自由懇談				（17：59安息日終了）
2月11日（日）	会話実習	会話実習	会話実習	会話実習	20：00　フォークダンス（アラブを含む） 20：00　選択補講
2月12日（月）	会話実習	会話実習	音楽	会話実習	19：45　合唱練習.
2月13日（火）	06：30朝食　バス遠足（出発07：00　キブツ見学、クロコダイル川、シクラメンの丘、カルメル山、ドルーズ村、カルメル自然公園の２時間徒歩見学　帰着19：00）				
2月14日（水）	会話実習	会話実習	講義F	会話実習	16：30　聖書講読　20：00　フォークダンス（アラブを含む）
2月15日（木）	会話実習	会話実習	講義G	会話実習	
2月16日（金）	会話実習	会話実習	会話実習	会話実習	17：07　安息日の行事 19：00　安息日の会食
2月17日（土）	08：00　朝食　自由懇談				（18：05安息日終了）
2月18日（日）	会話実習	会話実習	会話実習	会話実習	16：30　聖書講読　20：00　フォークダンス（アラブを含む）
2月19日（月）	会話実習	会話実習	会話実習	会話実習	19：45　合唱練習
2月20日（火）	テスト	会話実習	会話実習	会話実習	17:30　聖書講読　20:00　さよならパーティ兼45周年パーティ
2月21日（水）	修了式、校長との懇談、自由（荷物整理）				昼食後解散

歌をうたうことを要求される。歌詞の意味などは、スタッフが適宜各言語に訳して全員にアナウンスする。このあたりになると入学式の堅苦しさもほぐれてくる。

音楽やダンスはこのウルパンの教育の大きな柱の一つになっている。協力して一つのものをつくる喜びを体得させるだけではなく、たとえば歌唱や、一、二、三とかけ声をかけあうという行動を通じて、自然にヘブライ語を覚えるという効果も期待されている。

*

二日目から本格的な研修が始まる。研修の大半はもちろん会話実習である。初級クラスの場合テキストはなく、適宜プリントが配付される。生徒間相互のあいさつや簡単な質疑応答の練習という実用的な内容をまさに体験的に学んでいくが、後半以降は過去完了などの文法にもかなりふみ込んだ内容となる。授業のベースとなる言語は初期は各生徒に対してそれぞれの第一言語（おおむね英語、アラビア語、ロシア語、フランス語、スペイン語。教師はこれらをなんとか操る能力をもっている）を用いてなされるが、後半になるとヘブライ語が半分程度になり最終的にはヘブライ語を基本としながら英語などで補足をするというかたちになる。

午前中の四時間が正規の学課である。二時間目と三時間目のあいだの少し長い休み時間には紅茶とビスケットのサービスがあり、ホール外側のテラスに全員がつどう。午後一時すぎからの昼食は、スープ、肉または魚料理、サラダからなる一番豪勢なものである。アラブ人生徒も多いので豚肉は出ない。昼食後は自由時間で、自室で宿題と格闘する者、テニスコートで汗を流す者、近くの地中海の砂浜に寝ころぶ者、ネタニヤの町へ買い物に出る者などさまざまである。

特別メニューとして設定されている「講義」は、大学教授などを招聘してイスラエルに関する基本的な情報やユダヤ思想について解説してもらうもので、この場合はクラスには関係なく英語、ロシア語、フランス語の各集団にわかれての受講となる[3]。遠足は三回設定されている。最初のミニ遠足はウルパンを出発して三時間ほどをかけて周辺の湿地帯などの地形や植生を徒歩で観察してまわるというもの。二回目はバスを使い、テルアビブ大学構内のディアスポラ博物館とテルアビブ市内のカルメル市場を見学するもの。三回目がほぼ全日をかけてバスで遠出をするもので、学期（季節）によってハイファ方面、ゴラン高原方面、死海方面などが設定されている。たんなる物見遊山ではなく、自然景観や歴史についての詳細な解説を含む野外総合学習的な内容のものである。

夕方と午後の選択科目には「聖書講読」「選択補講」「安息日の行事」などがある。「聖書講読」は宗教教育というよりもむしろ建国神話の学習と言った方がふさわしい。なにしろイスラエルの場合には旧約聖書の内容がそのままこの国家の来歴の一部なのである。「選択補講」は各自が学習室で自発的に教師の指導を受けるというもの、「安息日の行事」とはユダヤ教の安息日シャバット（金曜日の夕方から土曜日の夕方まで）のはじまりに際して一時間ほどの儀式を行うものである。

＊

特徴的なのは、主目的である会話能力の習得が授業時間だけではなく、他の学習活動や学校生活全体の中で可能になるようにしくまれていることである。音楽の時間、ダンスの時間、遠足などのあらゆる機会をとらえてヘブライ語に習熟しイスラエル的な生活習慣に習熟していけるような配慮がなされている。このことは、寄宿舎を併設し、また学外の協力者や地域の協力者などと学内のスタッフとの連携をはかるなど、二四時間体制での学びを可能とするトータルな学習環境づくりがめざされているからこそ可能になることである。
ウルパン・アキバの日常を想像するのに恰好の手がかりとなる記述を学校要覧から引用しておこう。

最近ソビエトから移住してきたナターシャが、東イェルシャライムからきたアラブ人教師であるサイードに塩をまわしてくれないかと頼んだ。ニューヨーク州ロチェスターからやってきたスージーは、「この辺の連中はやたらと塩をふりかけるのねえ」とつぶやいたが、それに対してイスラエル人の教師が「たぶん気候のせいだよ」と答えた。

彼らはみんな、キャンパスの食堂で昼食をとっているのである。その昼食はロシアからやってきたスタニスラフやナブルスからやってきたハリドが用意したものである。こんな光景は一九九〇年代のイスラエルでは、ほとんどあり得ない夢物語のように思われるだろう。しかしこれは、ここウルパン・アキバでは、ごく日常的なものなのである。

＊

まず指摘できるのは、ウルパン・アキバは、「適応能力に欠けた哀れな弱者たる新規移民を荒波から庇護するための特別な施設」というような性格をまったく感じさせない開かれた教育機関であるということである。三つの側面にこの特徴を読みとることができる。
第一は、学校が新規移民だけではなく一般の居住者や旅行者、イスラエルに関心をもつビジネスマンや研究者などに広く開かれているということである。これは半面において、同一クラス内に多様な動機とレディネスをもった生徒を抱え込んでしまうという授業経営上のデメリットもあるが、定住支援のための施設が一種の隔離病舎化するのを防止する有効な方策とも言える。

第二は〈教師―生徒〉関係だけではなく〈生徒―生徒〉関係が教育上大きな効果をもたらすものと考えられていることである。つまり生徒同士が横の関係において開かれているのである。このことはさほど珍しくもないかのような印象もあるかもしれないが、ここにつどう生徒がたがいに異なる文化的背景をもち、ヘブライ語以外の共通言語をもたないという特殊な環境を考えあわせると、すこぶる興味深いものがある。生徒はたんなる被教育者としてではなく、それぞれ固有の文化をもった主体として尊重され、力をあわせて学びあうことを期待される。ヘブライ語コースにいるヨルダン出身の生徒がアラビア語コースに出向いて授業をする風景とか、教師の不十分なフランス語をアルジェリア出身の生徒が矯正している風景などはその例である。

第三に地域社会との連携がある。ウルパン・アキバの研修プログラムには、実生活に関するこまごまとした実習の時間がない。たとえばバスの乗り方実習というものはない。それは、そのような日常の事どもは生徒自身が地域社会でみずから体験すればよいと考えられているからであろう。親戚の家や学校の近くに借りたアパートから通学している新規移民にとっては、毎日の生活そのものが定住学習のための場であり、またそうではない生徒にとっては、長期休暇の際の国内旅行や短期アルバイトがその場である。このことは、地域社会にそういう教育体制が整っているというよりも、むしろ新規移民を当然のように仲間としてうけ入れる自然な土壌があると表現したほうがよいかもしれない。したがって、ウルパン・アキバがそういうプログラムを用意していないという事実こそが、むしろウルパン・アキバの開かれた性格を物語るものだと解釈できるのである。

以上を雑ぱくにとりまとめるならば、その特徴は「開放性」という三文字に集約できるかもしれない[4]。新規移民と既存住民のあいだ、教師と生徒のあいだ、学習と生活のあいだに壁を設けることなく、相互の連携が積極的に図られているということである。

国際教育への示唆

以上の事例は、たとえばわが国の国際教育の今後を考える上で、ダイレクトに参照できるものではない。わが国の場合、「みずから希望して同化を望む」というイスラエルのような事例は、少なくとも現在はまだそう多くなく、日本での滞在を一時的なものと考えている人々もいれば、これを機会に定住をと望んでいる人々もおり、内実は多様である。イスラエルの、とくにウルパン・アキバよりは、そのニーズの多様性は格段に大きいと思われる。

しかしながら、あえてウルパン・アキバから示唆を得るとすれば、それは以下のようなものであろう。

これまでのわが国の国際教育、とくに外国人労働者「問題」や彼らの子弟の教育にかかわる言説の多くは、社会的に弱い立場に置かれることの多かった彼らの権利をいかに守るかという視点にたつものが多かった。定住支援政策は人権保護政策とリンクさせて論じられることが多かったのである。また異文化理解や多文化理解という側面からは、彼らが携えてきた文化をできるだけ尊重しようとするスタンスが強調されることが多かった。

右の重要性、必要性に十分目配りした上で、本講であえて指摘したいのは、ある種の「同化支援」と言ってもよい政策ないし教育もこれからは必要となってくるのではないかという視点である。共生という言葉を安易に使うべきではないが、共に生きるためにはどちらかが譲歩し、時には犠牲を払うことも必要になってくる。とくに新規移民のうけ入れに際しては、とりあえず彼らが抵抗なく新規定住地の生活様式に同化できるよう支援を行わざるをえないのが現実で、美しい相対主義のもと、いつまでも「お国自慢料理大会」などでかりそめの親善をとり繕っているわけにはいかないのである。

同化という言葉から派生してくるイメージは、これまでけっして明るいものではなかった。それは無条件に忌避されねばならないものだとされることが多かった。しかし権利抑圧型の同化強制は戒められるべきであるが、権利保障型の同化支援はむしろ必要なのである。強調して言えば、同化を強制することと同様、同化の要求に対して手をさしのべないこともまた、人権への配慮を欠く姿勢であることに変わりはないということなのである。

今後、わが国にも多くの移民が到来する時代が来るであろう。同化支援のために想定しなければならない選択肢は多いが、残された時間はそれほど多くない。慎まねばならないのは、事態の一面的な理解、柔軟性を欠く制度設計であろう。

答えさがしの愚

人間たちの、祖国、言語、文化への思いは、あまりに多様であり、時にあまりにも不可解である。

じつはイスラエルでは、ふたたび祖国を捨ててロシアなどへもどっていく人も少なくないと聞く。生活の安全に不安を覚えるというのが理由らしい。その心情は想像にあまりある。もちろんその責がパレスチナに一方的にあるわけではない。彼らもまた自分たちの国家の樹立のために命を賭しているのである。

フランスへのあこがれを隠さなかったアルザスでは、昨今はドイツ語熱が高まっているという[5]。ストラスブールからなら自転車でドイツへ働きに行くことも可能で、労働力の需給関係というじつに単純な理由が、言語問題をある意味では希薄化している。

多文化主義の国としてつとに名高いオーストラリアでは、移民に市民権テストを実施しようかというアイデアまでとび出した。英語力のほかに「自由、民主主義、男女平等理念の理解」を試したいという。もちろんその背景にはテロや人種間亀裂への不安がある[6]。

日系移民の多かったブラジルでは昨今、もはや「ニッケイ」であることはさほど意識されなくなり、日本語よりも就職に便利な現地言語（ポルトガル語）習得への意欲が強いとの報道もあった。

*

テルアビブ。第一言語への懐かしみを認めながらも、第二言語として母国語を獲得しようと学ぶ人々がいた。子供が母親にそれを教えるという奇妙な風景が、そこではありえた。母国語を学ぶことは、祖国と自身の来歴を確認するためのいとなみだったのだろう。

ホノルル。祖国を離れ、異国に暮らしてなお母国語への執着を断ち切れない人々がいた。母国語を子供にもあえて学ばせることで、親は、家族がここにあることを確認しようとしているのか。

一万四〇〇〇㎞離れたテルアビブとホノルルの事例は、正反対にみえてなお共鳴するものがある。

ふたたび書く。人間たちの、祖国、言語、文化への思いは、あまりに多様であり、時にあまりにも不可解である。性急な答えさがしほど、罪ぶかいふるまいはない。

注

1　左記の講演記録から引用。ただしここで言う「母国・語」のニュアンスは、一般のそれとはズレがある。そのズレもまた意味深い。

2　アンナ・ポラニ「イスラエルの教育」日本イスラエル親善協会『月刊イスラエル』九七年六月号

3　ウルパン・アキバに関する記述は著者自身の体験による。在籍時点からかなりの日数を経ているが、大枠に変化はないはずである。詳しくは左記。

拙稿「ウルパン・アキバにおける定住支援のための研修プログラム」『社会認識教育学研究』13号、一九九八、十二～二三頁

4　在籍時には「樹木の新年の祭りとは何か」「イスラエルの歴史にみる自然と人間との関係」「人間は木のようなものであるという故事をめぐって」「イェルシャライム（スライドつき）」「ユダヤ民族の歴史」「中東政治の現在」「イスラエルの自然環境と人間」の七つが用意されていた。レベル的にはわが国の中学校社会科程度のものである。

若干の補足が必要である。本文中に引用した学校要覧にあるように、ウルパン・アキバは「夢物語」の世界でもある。ネタニヤやテルアビブでは自爆テロが絶えないし、遠足バスの一番前の席には銃を持ったガードマンが座っていた。パレスチナ難民は、ある意味で新たなディアスポラを強いられている。そういう現実は、ウルパン・アキバの研修プログラムからは巧妙に排除されている。そこに一つの限界があることにも留意しておく必要がある。

5　朝日新聞、二〇〇三年八月二日

6　読売新聞、二〇〇六年九月十九日

第6講　食堂の主人はなぜ行きずりの客にスープをふるまったのか

――愛について考える

ドゥオーモ広場の脇に、この島では一番の大きさと言われているペスケリア市場があって、所せましと並べられ積み上げられた魚介類・野菜・果物のあいだを、いかにも南イタリアという風情の恰幅のいい男たちが、怒号に近い売り声をあびせながら行きかっている。

カタニア。さしたる理由もなくこの港町に四泊した。そのうち三晩、私は、裏通りにある長城飯店という中華料理屋に通った。初日に注文した酸辣湯にすっかり魅了されてしまったからである。そのスープは美食の都の名に恥じない深い味わいであった。三日も通って同じような料理を注文したものだから、そこの若主人とは顔なじみになった。

最後の夕食を終えて安ホテルにもどろうと三分ほど歩いた時、若主人が息せききって追いかけてきた。じつに迂闊なことに渡したクレジットカードをそのままにして店をあとにしてしまったらしい。私は英語とイタリア語と北京語を総動員して礼を言い、少しばかりはれやかな気分で帰途についた。

海外を旅する時はいつも身がまえている。残念なことだが、置き引き、ひったくりの類はあってあたりまえというのが世界の現実である。モロッコで忘れた財布もマレーシアで洗濯に出したズボンも、ついにもどることはなかった。だからカタニアでの一件は、どちらかというと珍しい出来事ではある。しかし、私にとってはそれ以上のものであろうはずもなく、あの若主人の恥ずかしげな表情など、ほとんど記憶の底に埋もれてしまっていた。随筆「温かいスープ」に出会うまでは……。

随筆「温かいスープ」

本講は、中学校国語教科書三年下（光村出版、現行本）に掲載されている随筆「温かいスープ」（今道友信）を批判的に検討することをとおして、学校をはじめとして広く現代日本の言説空間に流布している「人類愛、国際性」という語りにひそむある種の胡散臭さを抽出してみようとするものである。

作者自身の体験をもとに書き下ろされたこの小品は、平成九年度版以来一貫して同教科書に掲載されていて、それなりの定評を得ているものと推測できる。わずか四頁（六四行）の短編なので、まずはその概略を紹介しておこう。

注：以下〈　〉は教科書本文の引用を示す。

＊

舞台は一九五七年のパリ。当時の時代環境を氏は、〈その前後の日本は世界の嫌われ者であった。信じがたい話かもしれないが、世界中の青年の平和なスポーツの祭典であるオリンピック大会にも、戦後しばらくは日本の参加は認められなかった〉と回顧し、日本は〈そういう国際的評価の厳しさを嘆く前に〉〈かつての日本の独善的な民族主義や国家主義については謙虚に反省しなければならない〉と述懐する。

だから氏は、下宿屋の主人から、〈夫の弟がベトナムで日本兵に虐殺されているので、あなた個人に何の恨みもないけれど、日本人だけはこの家に入れたくない〉と言われ寄宿を拒否されたのにもそれなりに納得して、やむなく、勤め先の〈大学が紹介してくれた貧相な部屋のホテル住まい〉を始めることになる。

さて、氏は仕事の関係上、毎週土曜日の夜は、セルフサービスの大学の学生食堂ではなく〈宿の近くの小さなレストランで夕食をとるほかなかった〉。〈毎土曜の夕食をそこでとっていたから、二か月もすれば顔なじみになった〉。しかし非常勤講師の月給は安く月末になると金詰まりになるので、月末の土曜日は〈今日は食欲がない〉などとよけいな理由をつけてオムレツだけを注文し、セットでついてくるパンで空腹をしのぐというのがつねであった。そのうち、事情を察したであろうレストランの娘さんが、黙ってパンを二人分つけてくれるようになった。

二月末の寒い土曜日、いつもどおりの注文をしたところ、女主人が温かいスープを運んできた。聞くと「ほかの客の注文をとり違えたから」とのことだったが、それがウソであることは店内の状況からあきらかだった。〈寒くてひもじかった私に、それはどんなにありがたかったことか。涙がスープの中に落ちるのを気取られぬよう、一さじ一さじかむように味わった〉。

この心あたたまる思い出をもとに、氏はこの随筆の最後をつぎのようにしめくくる。〈フランスでもつらい目に遭ったことはあるが、この人たちのさりげない親切のゆえに、私がフランスを嫌いになることはないだろう。いや、それぱかりではない。人類に絶望することはないと思う〉、国際性の基本は〈流れるような外国語の能力〉などではなくて、〈相手の立場を思いやる優しさ、お互いが人類の仲間であるという自覚〉で、その典型が〈名もない行きずりの外国人の私に、口ごもり恥じらいながら示してくれたあの人たちの無償の愛〉〈求めるところのない隣人愛としての人類愛〉なのである……と。

二つの疑義

かつて話題となった「一杯のかけそば」というエピソードにも通じる、いわゆる「いい話」である。しかしこの随筆にはあきらかに疑義がある。

まず第一点。前半で氏は、自身とレストランの母子との間柄を〈毎土曜の夕食をそこでとっていたから、二か月もすれば顔なじみになった〉と表現している。これはごく自然ななりゆきであろう。あえて疑いをさしはさむまでもない。ところが、結論部分におよんで氏は、自身を〈名もない行きずりの外国人の私〉と称しているのである。「顔なじみ」と「行きずり」、この二つの表現はあきらかに矛盾する。いったいなぜ氏は、顔なじみになったはずの自分自身を、「行きずり」というような第三者的立場にすり替える必要があったのだろうか。

第二点。随筆の冒頭で氏は、〈その前後の日本は世界の嫌われ者であった〉、〈かつての日本の独善的な民族主義や国家主義については謙虚に反省しなければならない〉などと当時の時代環境を縷々述べているのであるが、この前振りの部分はいかにも不自然である。と言うのは、前振り抜きにいきなり、「一九五七年、私はパリの大学で非常勤講師をしていた。下宿が見つからなかったので大学が紹介してくれた貧相な部屋のホテル住まいを始めた」としても、その後の「いい話」の展開には何ら支障はないように思われるのである。なぜ冒頭の唐突とも思える十八行が必要だったのだろうか。

＊

「顔なじみ」の件をまず検討してみよう。

氏は結論で高らかに人類愛、国際性を謳いあげるのだが、その根拠として掲げられているのは、日常レベルの「ちょっといい話」にすぎない。レストランの女主人がスープを出したのは、東洋のはてからやってきたらしい顔なじみの貧乏な研究者に対する同情であり親切心である。それはそれですばらしいことにはちがいないが、だからと言ってそれをもって人類愛や国際性を論じるのはいかにも大仰にすぎる。

しかしもしここで仮に、レストランの女主人が、まったく顔なじみでもない「行きずりの外国人」に、その人が貧しそうだからという理由だけでスープを無料サービスすることをつねとしていたとしたら、これはかなり希有なことである。もちろんそれで人類愛を語るのはやはり大仰にはちがいないが、しかし、「顔なじみ」の客に対するサービスよりは「無償の愛」という表現にはより近づく。

自身の存在を「顔なじみ」から「行きずりの外国人」へとすり替えたのは、このスープの一件をあらかじめ用意された人類愛云々という美しい結論に帰着させるための迂闊な小細工ではなかったのか。

＊

いま一つの「前振り」の件は次のように説明できる。

氏は、〈フランスでもつらい目に遭ったことはあるが、この人たちのさりげない親切のゆえに、私がフランスを嫌いになることはないだろう。いや、そればかりではない。人類に絶望することはないと思う〉と述べている。このあまりにも短絡的な一般化の愚は措くとして、ここで氏も認めているように、フランス人にも人類愛を語るには相応しくない挙動は当然あるのである。冒頭に紹介されている寄宿おことわりの一件である。寄宿をことわるという「よくない話」を出してしまうと「よきフランス人→人類愛」という構図が破綻してしまうのである。

どうすればよいか。フランス人の暗い面をフランス人一般の属性とすることなく、特殊な事情があるものだとして無化すればよいのである。そのために用意されたのが、かつて日本兵にひどい目にあったという冒頭の記述である。こうして下宿屋の主人ひいてはフランス人は基本的には悪くないという前提が確認され、それが人類愛へと一般化される。

都合の悪い事例をあえて出した上でそれを無化するという巧妙な操作は、美しい結論をあざやかに演出する効果すらもつ。冒頭の日本兵云々という記述は、この随筆の結論を強力に担保するために、ぜひとも必要なものだったように思われるのである[1]。

＊

本講は、この随筆をただ批判して快哉を叫ぼうというものではない。そして当然のことながら、ここで、人類愛や国際性というものを否定したり揶揄したりしようとしているものでもない。ねらいは、「ちょっといい話」をなかば強引に人類愛や国際性に帰着させようとしたこの随筆にみられる一種の倒錯状況の分析をとおして、人類愛なり国際性という語りにひそむ、ある問題点をあぶりだそうとするところにある。

項をあらためて、人類愛、国際性の語られ方についてさらに考察を進めよう。

人類愛の語り方

人類愛などというとてつもなく高邁な理念は、日常性の延長線上に軽々しくすえられるべきものではあるまい。かつて作家・中沢けいは「丸い地球を愛せるか」と問いかけたが、「丸い地球」や「おたがいが人類の仲間であるという自覚」というものを、われわれはどれほどのリアリティをもって認識できるのだろうか。グローバルなどと喧伝される時代ではあるが、個人の認識可能性には限界があるのである。

もちろんわれわれは、イメージとして人類愛に思いいたすことはできる。しかしそれは日常とは隔絶したある種の特異な設定や偉業を通じてである。たとえばシュバイツァーやマザー・テレサは偉人なのである。けっして市井の凡人ではない。偉人の偉大な貢献に触れることによって、われわれはその向こうに人類愛という「すばらしきこと」のイメージをかすかに感じとることができるにすぎないのである。

一方において、日常世界に愛がないわけではない。文中にも登場する隣人愛である。単純に言えば、それぞれの共同体の一員としておたがいに迷惑をかけず心地よくすごせるようにどうすればよいかを考え、その成員としてそれなりに認められるようなふるまいをしていこうとすることである。たとえば妊婦や高齢者、障害者が困っていたら手をさしのべればそれが愛である。近隣の道路をともに清掃するのは地域への愛である。天災の被災者に義援金を送るのもそうである。あるいは約束の時間を守るとか、しかるべき相手にはそれなりの言葉遣いができるようにするというようないわば常識も、共同体を円滑に機能させるには必須の要件であろう。

いつもオムレツしか注文しない顔見知りの客にたまにスープを出すというのも、まったくそういう自然な思いやりのレベルに列せられるべきものであり、妙にお題目をつけずとも、それだけで価値あることなのである。「温かいスープ」も、隣人愛と人類愛を無節操に結びつけることなく、ただその心温まるエピソードとしてのみ紹介されていたら、何の矛盾も露呈させずに、読み手にほんのりとした感動を呼び起こす佳品として記憶されたはずである。

ではなぜ倒錯状況は生起したのか。

「困っている人がいたら手をさしのべましょう」というような日常の規範、それぞれの共同体の基底をなす徳目は、もちろん本来であれば、それを織り上げてきた無数の先人の代弁者たるべき大人（教師）によって堂々と子供たちに語り与えられるべきなのだが、しかしそれら徳目は、ある意味正しすぎて、あらためて口にすることにはどうしても気恥ずかしさがともなう。教師（大人）のなかにはむしろそれらの物言いに教育勅語を連想し、復古主義の兆しを懐疑する人さえいるかもしれない。

この逡巡を解消し、徳目を口にする後ろめたさを昇華してくれる恰好の「概念装置」として人類愛は利用されたのではないか。たしかに、人類愛というキリスト教的なイメージを漂わせた概念にひっくるめてしまえば、後ろめたさは解消する。少々子どもが疑問や抵抗を示しても、「人類愛なのだ」と言ってしまえばおたがいが納得できる。

この大仰な物言いが不必要なまでに強調されるのは、以上のような屈折した心理が現代日本社会を覆っているからであるように思われるのである。

国際性の語り方

人類愛とならんで、この随筆の美しい結論を構成している要素に国際性がある。しかし、この随筆のエピソードをもってはたして国際性云々が語れるのだろうか。

ここに出てくるのは、困っている人に親切にするという日常的な愛の対象がたまたま外国人であったというだけのことではないか。外国人との間で感謝や同情のやりとりがあるというのは、当時は珍しい経験だったかもしれないが、現代社会では茶飯事である。

困っている人がいたら国籍とは関係なしに親切にするというのは、もちろん国際性の一側面ではあろうが、問題は、そのような「部分」でもって「これが国際性だ」と全体を語ってしまうということの無謀さにある。その残余の部分、たとえば複雑怪奇な国際関係などに作者がいかに無知であるかは、たとえば「冒頭の十八行」からも看取できる。

氏はオリンピックについて、〈戦後しばらくは日本の参加は認められなかった〉といかにも深刻そうに述べているが、周知のようにオリンピックは四年に一度の開催であるから、日本の不参加は一九四八年のロンドン大会一回だけである。しかも参加を認められなかったのは日本だけではない。ドイツもそうである。背景はすでにあきらかであろう。これは敗戦国に対する戦勝国の報復であって、けっして「日本が嫌われていた」からではない(イタリアについては降伏が早かったことを理由に参加が認められた)。

キリスト教勢力によるユダヤ人弾圧、旧ソ連によるシベリア抑留、国際社会からの台湾のしめ出しなど、歴史上、勝者の敗者に対する報復行為は枚挙にいとまはない。

「世界の嫌われ者」という断定的な表現も、あまりにも穏当を欠く。先の大戦時にも戦乱とは無関係だった国や地域は少なくないし、日本の統治をうけた国であっても、たとえばパラオのように日本国外務省に非公式ながら「再植民地化」を打診してきた事例もある[2]。植田純生の詳細な調査によれば、厳しい支配を受けたにもかかわらず、台湾にはいまだに当時の統治を評価する親日言説が少なくないという[3]。だからと言って「好かれていた」と開きなおる必要はさらさらないが、同時に、嫌われていたとあっさりと観念する必要も、しいて言えばない。

＊

氏が国際関係に必ずしも通暁していない哲学者であり、またこの随筆が掲載されているのが社会科の教科書ではなく国語科の教科書であるからという理由で以上が無条件に免責されるとも思われない。いや、国語科の教科書だからこそ、「ことば」は慎重に選ばれてこなければならない。

温室効果ガス削減交渉などにみられるように、現実には国家間の熾烈な駆け引きがあり、生物保護に名を借りた人種差別テロも後を絶たない。〈世界中の青年の平和なスポーツの祭典〉でも、自分たちに都合よく競技ルールを変えてしまう勢力は健在であるし[4]、何よりも、ロンドン大会で日本の参加を認めなかったことじたいが、それなりの事情（第10講参照）があったとは言え、オリンピックが政治性を排除しえないことの証左とも言えるのである。「温かいスープ」の言う国際性は、あきらかにこれら「よくない話」を黙殺している。

かつて国際化という言葉が実質的には欧米化を是とする一種の記号として用いられたことがあったが、同様にここでは、国際性という言葉は、結果的にではあれ、「都合の悪いこと」「考えたくないこと」を捨象するための記号として機能させられているのである。

人間の醜悪さと美しさとを、どのように目配りして教育内容としていくかは難しい問題である。どちらか一方をただ声高に喧伝すればよいというものではない。いわゆる発達段階もふまえなければならない。その意味からすれば、この随筆は、あまりにも軽率に過去の断片を語りすぎている。ふたたび書くが、「温かいスープ」は、ただその心温まるエピソードとしてのみ紹介されていたら、何の矛盾も露呈させずに、読み手にほんのりとした感動を呼び起こす佳品として記憶されたはず、なのである。

理想に近づくということ

随筆「温かいスープ」が長く教科書教材として採用されてきた背景には、このような文脈の「いい話」が学校教育の世界ではむしろ歓迎されてきたことを物語る。それはすなわち、伝えるべき徳目や気づかせるべき国際関係を、人類愛、国際性の美名のもとで換骨奪胎していくという構造が、一種の学校文化として温存されてきたことを想像させる。あえて敷衍するならば、この構造は、現代日本社会全般にも通底する一つの傾向でもあるように思われるのである。

*

われわれは、あまりにも安易に理想を語りすぎてはいまいか。

理想に近づくということは並大抵のことではない。抽象論がいくらくり返されてもそれは理想を引き寄せる手だてにはならない。むしろ必要なのは、偉人ならぬ一凡人として、人類愛を具現した人の偉業にともに驚嘆し感動し、先が読み切れない国際社会に生きることの悩ましさをともにひき受け、なおかつ活路を求めようとすることの大切さを確認しあうという地道な営みであろう。

随筆「温かいスープ」は、そのことをあらためて想起させてくれる恰好の反面教師にほかならないように思われるのである。

注

1 付言すれば、第二次世界大戦時、ベトナムは日本の友軍であったフランス（ビシー政権）によって統治されていた。両軍の衝突もなかったわけはないので本文の記述は誤りとは言えないが、しかし、ベトナムを舞台に日本とフランスが戦争状態にあったわけではない。

2 植田純生「『親日』言説の研究―台湾を事例として―」鳴門教育大学二〇〇七年度修士論文

3 産経新聞、一九九八年十二月十六日。ちなみに同国の国旗が日本のそれを模したデザインであることはよく知られている。

4 高山正之『世界は腹黒い　異見自在』高木書房、二〇〇五、三三頁

三　いきがいとアイデンティティの教育学

第7講　一匹狼のあなた、「一匹狼の会」に入りませんか？

——承認について考える

このすてきなパラドックスを見つけてから、もう四半世紀以上がたつ。

一匹狼とは群れないことを美学とする生き方である。だから一匹狼が会などをつくってはいけない……、のだが、現実にはそれはありそうな話ではある。その矛盾をさらりと語り流していて、爾来、頭の隅から離れない。

教育の世界でなら、たとえば「主体性を育てる」という物言いがある。これはかなり悩ましいパラドックスなのだが、ほとんど気にも留められていない。「子供中心主義」などと言う。言ってる本人はたいてい大人だから、これもまたパラドックスと言えばそうである。

矛盾やパラドックスに異を唱えようというのではない。逆である。われわれはそういうものにまみれながら生きているのだという事実に、教育もまた正対せねばならないのではないかというのが本講の主題である。

相対主義の季節

尊師とか将軍様とか呼ばれる特定の人物が森羅万象について絶対的な判断基準を示してくれるような社会は、その基準に従ってさえいればすべての逡巡や懊悩、葛藤から解放されるという意味では気が楽かもしれない。しかしそのような状況が人間社会の理想とほど遠いことはあきらかである。

古来、人間は、特定のだれか（ないし、どこか）が、力まかせに他に基準を押しつけることのないような社会を渇望し、それをめざし、時に戦ってきた。だから、今日、絶対主義、絶対権力、絶対王制などというものは、一部の国を除いて表舞台からは退場させられている。

生活様式や思想信条において「絶対にこれが正しい」と主張することに、現代人はかなり慎重になってきたようである。少なくともわが国では、過激なイデオロギー論争はすでに過去のものとなりつつある。相対主義の季節[1]の到来である。

＊

もちろん相対主義の考え方が完璧無比というわけではない。それは、「知的にも道徳的にも無責任で、一貫性のない哲学、虚偽であるばかりではなく有害でさえある」（ビバス）、「われわれ自身が真の人間科学を発達させようとするのであれば、われわれが縛られてはならない非科学的な一学説」（フリーマン）などと徹底的にこき下ろされてきたのである[2]。そもそも、「世の中はすべて相対的である」という言明じたいが絶対的であるから始末が悪い。

しかしわが国の学校教育の世界では、唖然とするぐらい相対主義はもてはやされてきた。「多文化共生」という物言いにいたっては、もはやあらゆる批判を許さない神々しさすら身にまとっている。だが、そこに陥穽は潜んではいないのか。

「みんなちがって」いてなぜ「みんないい」のか

言うまでもなく、これは金子みすゞの詩「わたしと小鳥と鈴と」に言寄せた素朴な、いや若干へそ曲がりな発問である。

この詩は、教室の正面に掲出されるなどして、学校では幅広く受容されている[3]が、論理的に考えるとじつにおかしな構造をもっている。この詩には、「わたし」「小鳥」「鈴」の三つの役者が登場し、それぞれの欠点がまず指摘される。「私は飛べないし、音も出せない」「鳥は走れない」「鈴は歌えない」。この事実から導かれうるのは、「みんなよくない」という単純な判断である。ところが驚いたことに、この詩では、否定的事実が四つ続いたあと、最終段でいきなり「みんなちがってみんないい」という肯定形のただ一つの価値が示されるのである。ハンソンの定式を借りれば、この言明群は記述的評価的相対主義や価値中立主義[4]すら蹴散らして、「いい」という特定の絶対価値を強制するという極めて不可解な、あるいは危険な構造である。

＊

運動会の行進曲などに採用されて、学校ではなじみ深い「世界に一つだけの花」の歌詞もまた相対主義にまみれている。この歌については、「ナンバーワンになったＳＭＡＰがそうなれないシモジモを見下してなぐさめているにすぎない」とか「花屋の花はそれじたい雑草とは比べものにならないエリートではないのか」などの厳しい批判があるが、なかでも目立つのは(関連サイトで一瞥するかぎり)、この歌詞は競争の意義を否定し、前向きに生きようとする子供の意欲をむしろそぐものだとする批判である。

このオンリーワンの思想は、ハンソンの言う規範的相対主義、つまり「われわれは、他の文化の内部で生じていることについては、当の文化の種々の標準に基づいて判断すべきである」とする考え方である。しかし規範的相対主義は、ハンソン自身が語っているように、結局のところ、他者の価値観にそってそれを尊重しているかにみえて、実際には、相対主義を奉じるがゆえに他者を尊重しているにすぎない。具体的に言うと、「ワンの中身」が評価の対象となっているのではなく、「オンリーワンであることはよいことである」という基準にのっとって他者の行為を許容しているにすぎないのである。したがって、「ワンの中身」はそれを唱える本人が好き勝手に選択すればよいわけで、他からの批判は一切黙殺することが可能となる。「世界に一つだけの花」が価値参照の否定、優越願望の否定にもつながりかねないとして批判されるのもゆえなきことではない。

＊

金子みすゞにせよ槇原敬之にせよ、もちろんそのような意図をもって創作をしたわけではないだろうし、この点をもって、これら詩作の評価が云々されるわけでもない。ある人物に否定的な側面があっても、それをあげつらうのではなく、それはそれとしてとりあえず認めよう、あるいは、特定のものさしだけで仲間を序列化して優越感や劣等感を不必要に増幅させることはやめようというのは、生徒指導の要諦とも共鳴しあうのぞましいスタンスにはちがいないのである。

しかし、結果的にではあれ、これらが、優越願望を否定し規範を崩壊させかねない「相対主義という毒素」を胚胎してしまっていたこともまた事実である。実際、「私には私の考えがある、放っておいてくれ」という身勝手な物言いがいま学校世界に氾濫している。攻撃的なジコチュウ（いじめなど）や逃避的なそれ（ひきこもりなど）を正当化し、さらには学級崩壊をも正当化しかねない「理論的根拠」として、相対主義はしばしば恣意的にもち出されてくるのである。

異化と同化

ところで、じつに奇妙な現象なのだが、学校世界には、以上の相対主義を解毒するかのような、まったく正反対の主張がある。それが「みんな同じ地球人」という、よく知られた物言いである。

こちらは一人ひとりの個性はとりあえず措いて、地球人（地球市民）としての立場の共通性を前面におし出そうという考え方である。日本人だとかアメリカ人だとか、そういうことにこだわるからそこにもめ事がおこるのだとする説明は、帰属が権力関係を生むというカルチュラルスタディーズ系の主張とも通底していて、これまた昨今の教室では少なからず歓迎されている。

相対主義は「みんなちがって」と言い、第4講でも詳述した地球市民論は「みんな同じ」と主張する。ここに異化志向と同化志向との奇妙な同居がある。どちらがいいのか？　はたまた両方いいのか？

＊

図7—1は、異化志向、同化志向のどちらをとっても差別（抑圧）が生じるという厄介な状況を、タギエフの構造図[5]を参考にしながら描出したものである。

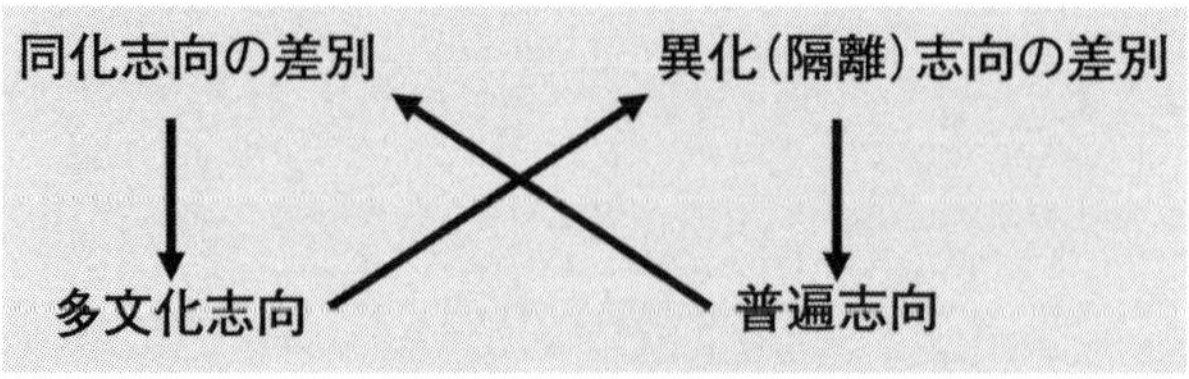

図７－１　異化と同化

　左上の「同化志向の差別（抑圧）」とは、同化を強制すること、つまり「みんな同じじゃないか」と言うことで生じる差別（抑圧）、たとえば、言語的マイノリティがマジョリティの言語にむりやりあわせさせられるような状況をさす。チベットの現況がその例である。それは問題だというわけで、今度は下向き矢印のように多文化志向（個性尊重）へ向かうとしても、このスタンスは右上の「異化志向の差別」へと容易に転化する。たとえば南アフリカでかつて公然と唱えられたアパルトヘイト政策や身近なところに例を求めればシカトである。それが問題だというわけで、下向き矢印にしたがって「みんな同じ」と言ってしまうと、それはまた最初の同化強制にもどってしまう。

　ここに端的に示されているように、差別（抑圧）状況を解消しようとして、「みんな同じ」（同化志向）と言っても「みんなちがって」（異化志向）と言っても、どちらのルートをたどっても、結局はその物言いじたいが差別（抑圧）状況を生んでしまうのである。

　要するに「みんなちがってみんないい」も「みんな同じ地球人」も、一面においては正しいし、たんなるキャッチフレーズとして使うぶんには目くじらをたてるまでもないことなのかもしれないが、じつのところは、どちらも理念上の極論にほかならないのである。

　では、そのような逃れようのない状況のなかで、われわれはどうすれば「わたし」を確認することができるのだろうか。

一匹狼の悩み

冒頭で紹介した一匹狼の話題をべつな観点から料理してみる。

一匹狼というのは群れないことを美学とする生き方であるから会などをつくってはいけないのだが、しかし、「私は一匹狼です。えっ？　あなたもですか。じゃあ仲間ですね。それなら一匹狼の会をつくりましょうか」とつい呼びかけてみたくなるこの心理とはいったい何だろうか。この背景を考えてみたい。手がかりは酒鬼薔薇事件と秋葉原無差別殺人事件である。

前者は平成九年の事件なので詳細な記憶はかなり薄れていようが、しかしこの猟奇的事件をおこした少年の手記にあった「透明な存在のぼく」というフレーズだけは脳裏にとどめている人も少なくはないであろう。彼は人間関係をきり結べなくなって、自己を、正確には自己の存在意義を見失ってしまったのである。

秋葉原の方も構図は同じである。犯人のフリーターは事件にいたる最後の一押しが「ネットでも無視された」ことだったと述懐している。つまり「わたし」の確認には、それに納得を示してくれる「わたしたち」が必要だということである。

「自分さがし」という小粋な表現が流行したこともあったが、いきがいやアイデンティティを確認するには、まずみずからの存在や行為が社会的に是認されなければならない。「みんなちがって」いるような社会、いや社会をそのようなものとする視角には自己確認の余地はない。趣味であれ国籍であれ主義主張であれ、とにかく「わたしと同じ（ようにみえる）だれか」を想定しないと、「わたし」そのものが消えてしまう。つまり人格崩壊にいたるのである。

しかし、「わたし」の確認には「わたしたち」以外に、もう一つの役者が必要である。それは他者つまり「わたし」ではない「あなた」である。「わたしたち」についても同様である。「わたしたち」には、そうではない「あなたたち」が必要である。言い尽くされたことではあるが、われわれはつねに他者を創出しながら、自己を措定し続け生きているのである。一匹狼というラベルの存在には、二匹以上の一匹狼と、二匹以上の一匹狼ではない狼が必要なのである。ついでながら、すでに第4講で触れたとおり、「みんな同じ地球人」という物言いは、共通の他者を想定しえないから、じつに空虚な代物なのだとわかる。

生きざるをえない現実

地元市内のA校と県内他地域のB校との試合となると、普通はA校を応援する。ところが県大会でB校が優勝して、たとえば近畿大会で他県のC校と対戦すると、A校を応援した過去などすっかり忘れてB校を応援する。ところがC校が近畿代表となって関東代表のD校と対するとなると、またたく間にC校の応援団ができあがる。よくあることであろう。

つまり、あるとき異なものは、あるとき同である。一匹狼と一匹狼ではない狼が、つねに明確な対置をなしているわけではない。一人の人物が仲間とされたり部外者とされたりする。その線引きが指弾されることもあれば賞賛の対象となることもある。評価は時に応じて一様ではない。この「いい加減さ」の中に真実がある。必要なのは、異と同の柔らかな組み替え能力にほかならない。

＊

異をつきつめれば唯一無二の存在としての自己に行きあたる。そこに「わたしとは何か」という問いがある。同をつきつめれば人類みな兄弟となる。そこに「人間とは何か」という問いが待っている。両極のそういう哲学的思惟は日常にはなじまないから、われわれ凡人は、その異と同のはざまを行きつ戻りつして人生を終える。異のみに走ることも同のみに走ることもむなしい。肝要なことは、異と同のはざまにうごめく矛盾のなかで、多様な線引きを探りあいつつ生きのびる術を見いだすことではあるまいか。具体的には、個（わたし）と全体（地球人）とのあいだに多様で可変的な中間項を設定し、その矛盾の中でしたたかに生きていくことである。

中間項とは、たとえば国家、民族、宗教、サークル、会社などの帰属集団である。「わたしは〇〇小学校の一員だ」「わたしは〇〇社員として苦労している」「わたしは〇〇国民として誇りをもっている」などの自己確認が可能になって、はじめて人は自覚的に生きていくことができるからである。

もちろん、これら中間項を居場所として認識するとしても、先述したように、帰属が権力関係を生むという差別（抑圧）構造はつねに随伴する。「わたしたち」には「あなたたち」が必要である以上、両者のあいだには異化のベクトルが働くからである。また「わたしたち」と一括してしまうなかで、当然のこととして「わたし」の個性は捨象されざるをえず、ここに同化のベクトルが働く。

つまり中間項である「わたしたち」の共有空間（共同体）はつねに両方向からの差別（抑圧）の誘惑にさらされるのである。

「差別もある明るい社会と差別もない暗黒の社会」という興味深い対置がある6。ここで問題になっているのは結婚差別や就職差別などのような差別行為、差別事件ではなく、人間の奥底に眠る「差別性」である。ここでは「差別もある明るい社会」という逆説的な表現をあえて試みることを通じて、差別性を滅却してしまってはたしてまっとうな社会が成り立つのかという鋭い問いが投げかけられている。

「みんな同じ地球人」にせよ「みんなちがってみんないい」にせよ、全員がそれで納得するなら、たしかに差別はなくなるかもしれない。しかしそれは、みんなが透明になってしまう暗黒社会でもある。それがいやなら人間の業としての差別性を認めることからはじめざるを得ないではないか、とするのがその意であろうと想像できる。

*

矛盾やあいまい許すまじとする言説は後を絶たない。人間世界のあれこれを語るに、単純に白と黒をわりあてて灰色など存在しないかのように威勢よく結論を出すこと、それはあたかも魔女狩りのごとくである。矛盾やあいまいへの耐性を欠いたら、恋愛ひとつできはしないだろうに。

差別行為や差別事件の抑止にむけて努力が続けられなければならないのは言うまでもない。しかし同時に、おたがいが差別性を自覚しながら、なおかつ多様な他者との多様な折りあいのつけ方を探っていくような葛藤の場が学校教育に用意されても、けっしておかしくはないはずである。

「千と千尋の神隠し」に込められたメッセージを宮崎駿が語っていた。「湯婆婆は善人か悪人か、いやそのどちらでもあるという現実を子供たちに伝えたい」。

注

1　吉田夏彦『相対主義の季節　自由と責任』角川書店、一九七七

2　F・アラン・ハンソン（野村博・飛田就一監訳）『文化の意味』法律文化社、一九八〇、七二〜七三頁

3　一九五五〜二〇〇七年、ヨーロッパでも同様の趣旨のキャンペーンが行われたと言う。ただしその標語は all different, all equal であった。
　生田周二「生涯学習の観点からみた異文化間教育―シティズンシップ教育との関連において―」『異文化間教育』31、二〇一〇、五〜一八頁

4　ハンソンによれば左記の通り。
　記述的相対主義：あらゆる時代あらゆる場所を通じてあらゆる人間に妥当するような（真、善、美、おかしみなどについての）標準といったものはどこにも存在しない。
　価値中立主義：われわれは異文化の内部で生じている判断をすべて慎むべきである。

5　梶田孝道「多文化主義のジレンマ」『世界』岩波書店、一九九二年九月号

6　呉智英・高澤秀次：対談「戦後知識人像の変容／吉本隆明を中心に」『表現者』10、二〇〇七、一二二頁

第8講　ＡＫＢはなぜ「どん兵衛」に勝てないのか
——理性について考える

ＡＫＢ48。平成十七年十月三〇日、第一期の二四人が選ばれその年の十二月に第一回公演を行う。十九年頃から人気は急上昇。いまや押しも押されぬアイドルブランドである。ＡＫＢは秋葉原のつづりを語源とするが48にはあまり意味はない。定員がそうであるというわけではなく、メンバーの入れ替わりは珍しくない。地域版ＡＫＢとも言える姉妹プロジェクトのＮＭＢその他を加えると相当な人数となる。

どん兵衛。日清食品を代表する即席麺のブランドである。スタートは昭和五一年八月。当初はきつねうどん、天ぷらうどんなど種類も限られていたが、そばも含めていまや三〇種類以上のカップ麺がどん兵衛ブランドで販売されている。北海道限定の「北のどん兵衛シリーズ」や東北限定の「イモ煮うどん」など地域版も多いが、姿を消してしまった商品も少なくない。ＤＫＵ47は、どん兵衛販促のためのプロジェクト（チーム）をさす。

たしかに似ている。しかし、アイドルと即席麺をくらべて勝敗をつけるなどというのは、ありきたりの発想では不可能である。その不可能を可能にする「ありきたりではない発想」とは何か。それが本講のテーマである。

誰にも迷惑はかけていない

下火になったのかそれとも常態化したのか定かではないが、「パンツ売りの少女」は、昨今、とりたてて話題とはならなくなった。ところで往時、人々の耳目を集めたのは、奇行それじたいもさることながらそれを正当化する論理であった。いわく、「パンツを売ってどこが悪い。誰にも迷惑はかけていない」。たしかにそうである。売った方も買った方もハッピーならそれでよいではないかという言い分は一応説得的ではある。

もちろん反論するのはじつに簡単で、「迷惑かどうかはまわりが判断すること。本人に判断の権利などない」とつっ返せばいいだけのことなのだが、ここで考えてみたいのは、「まわりの判断」という基準をもち出すことに、なぜ人々が一瞬たじろぐのかという点である。

＊

客観性、明晰性にまさる法律をもち出してカタがつくのであれば話は簡単なのだが、しかし、共同体の善悪の基準をすべて法制化しようものなら、「使用後のパンツを売却した場合は〇年以下の懲役または〜」というような喜劇的条文のオンパレードとなることは火を見るよりもあきらかである。

一方、ホームから落ちた酔客を命をはって助けるというような行為が賞賛されるのは、法律に定めがあるからではなくて、それが世の大多数の人々の共感を得る、つまり「まわりがそう判断する」からにほかならない。

この簡単な例からもわかるように、まわりの判断、言い換えれば、その共同体の共有価値、縮めて言えば「規範」（慣習）は、法律にまさるとも劣らない重要な社会機能なのである。われわれは、ほとんど無意識のうちに、この規範に守られて生活をしていると言っても過言ではないのである。

しかしながら規範は、法律のように権力によって担保されているものではない。ある規範が共有されているとして、その正当性を担保しているのは、それがその共同体の自生的秩序として長い時間をかけて堆積してきた伝統の産物であるという一点のみである。だから規範を是とするということは、伝統をとりあえずは是としてひき受けるということを意味する。

ここにためらいの淵源がある。なぜなら、伝統の大切さなどと強調すると矢のような批判の嵐が予想されるからである。とくに学校教育の世界ではそうである。いわく、「むやみに伝統などというあいまいなものを持ち出すのは民主的ではない、いや危険ではないか。子供たちには未来を語らせるべきで、過去や伝統にとらわれるというのは教育の理想とは相容れない」……などなど。

つまり規範を語ることに対する逡巡は、伝統を語ることに対する逡巡にほかならないのである。

堂々と伝統を語り、堂々と規範を語り、伝統を楯にただそれだけの理由でパンツ売りを一喝するためには、さて、どのような理論武装が必要となるのだろうか。

理性とどう向きあうか

そのためには、まず、まるで空気のようにわれわれの日常に漂い、われわれのほとんどの思考の前提として君臨しているある思想を白日の下にさらし、徹底的に相対化してみるという作業が必要となる。その思想とは進歩主義である。

未来についてだけはじつに楽観的なのが戦後日本社会の一般的な傾向である。たとえば「子供には無限の可能性がある」などと言う。シニカルに考えれば、長じて世間を騒がせおたずね者となる可能性も十分あるにもかかわらず、われわれは「無限の可能性」を「無限のすばらしい可能性」と疑いもなく読み替えて、それに期待する。小学校の教室に「かがやく未来」「明日を信じて」などと大書してあるのもそのあらわれである。

「未来・新しいこと＝よさそう」「過去・古いこと＝怪しい」という、ほとんど条件反射と言ってもよいこの価値づけは、日本社会が進歩主義に耽溺しきっていることの証左にほかならない。

たしかに、因習、悪習、差別、抑圧のあれこれを想起すれば、過去がバラ色だったとは言いがたい。しかしだからと言って、それは「未来はバラ色だ」と期待する何の根拠にもなり得ない。科学技術面にかぎって言えば、世の中は便利にはなったが、GNH（国民総幸福量）などという領域に思いをはせるなら、その評価は必ずしも一様ではない。だから、過去一万年の人類史が喜怒哀楽に満ちているなら、未来一万年も同じようなものだろうと想像するのがまっとうな神経というものである。

過去も未来も同じようなものならば、不確定な未来に期待するよりも、すでに眼前に存在するものに、とりあえずは判断の根拠を求めようとするのは当然のことではないか……、こう考えるのが、進歩主義の対極にある保守思想である。

＊

つまるところ両者の違いは、たんなる新奇趣味 vs 懐古趣味という対比ではなくて、人間の理性というものをどうとらえるかという立場の違いである。進歩主義は、人間の理性的判断を基本的には信じることで、自分たちの責任を自覚し改革を進めようと考える。過去は変えられないが未来は変えられる、だから人間が努力すればよりよい未来が開けると考える（＝設計主義）。

保守思想は、神ならぬ身の人間の理性に対して懐疑を隠さない。理性は否定しないが理性主義には敢然と異議を唱える。「狂人とは理性を失った人ではない。狂人とは理性以外のあらゆる物を失った人である」[1]とまで言いきる。だから、その時々の理性にかられて性急に変化を求めるよりも、歴史的試練に耐えて残り来たったもの、つまり伝統を、清濁あわせ飲みつつまずは尊重し、その上に少しずつ試行錯誤を加えて未来を手さぐりで模索していく方がはるかに賢明だと考える。

保守思想の泰斗エドマンド・バークは、フランス革命を批判してこう言う。


理性の光に満ちているらしい昨今のご時世だが、あえて正確に言わせてもらおう。イギリス人の中には、理屈の感情が生きている。これらの感情に基づいた世界観を、われわれは古くさい固定観念として捨て去るどころか、たいそう大事なものと見なす。

固定観念であるにもかかわらず大事にするのではない。固定観念だからこそ大事にするのだ。そして固定観念の中でも、長らく存続してきたものや、多くの人々に浸透しているものは、わけても尊重されるべきだと考える。

誰もが自分の理性にしたがって行動するのは、社会のあり方として好ましいことではない。個々の人間の理性など、おそらく非常に小さなものにすぎないからである。国民規模で定着した物の見方や、時代を超えて受け継がれた考え方に基づいて行動した方が、はるかに賢明と言えるだろう[2]。

幸か不幸か、この危惧は現実のものとなった。フランス革命は無惨な結末を迎え、それはいまや、二〇世紀全体主義（ナチズム、ポルポトその他）の先達とまでこき下ろされている[3]。伝統の断絶がいかに深刻な問題を惹起するかは、文化大革命後の彼の国のモラルハザードをみれば一目瞭然である。

意外かもしれないが、進歩主義は思いのほかリスキーなのである。

「当時者」

下の図は、理性への信頼か懐疑か、大衆（その時代を生きる大衆一般、つまり「当時者」）への信頼か懐疑かを座標軸に、社会のあり方にかかわる現今のさまざまな制度や現象を付置してみたラフスケッチである。

市民運動が第三象限（左下）から第四象限（右下）にまで伸びているのは、社会の矛盾にしびれを切らした市民運動家が権力を握り、理性と正義感にかられて改革を急ぐと往々にして独裁に走りかねないことをあらわしている。さきに述べたフランス革命やその後の共産主義

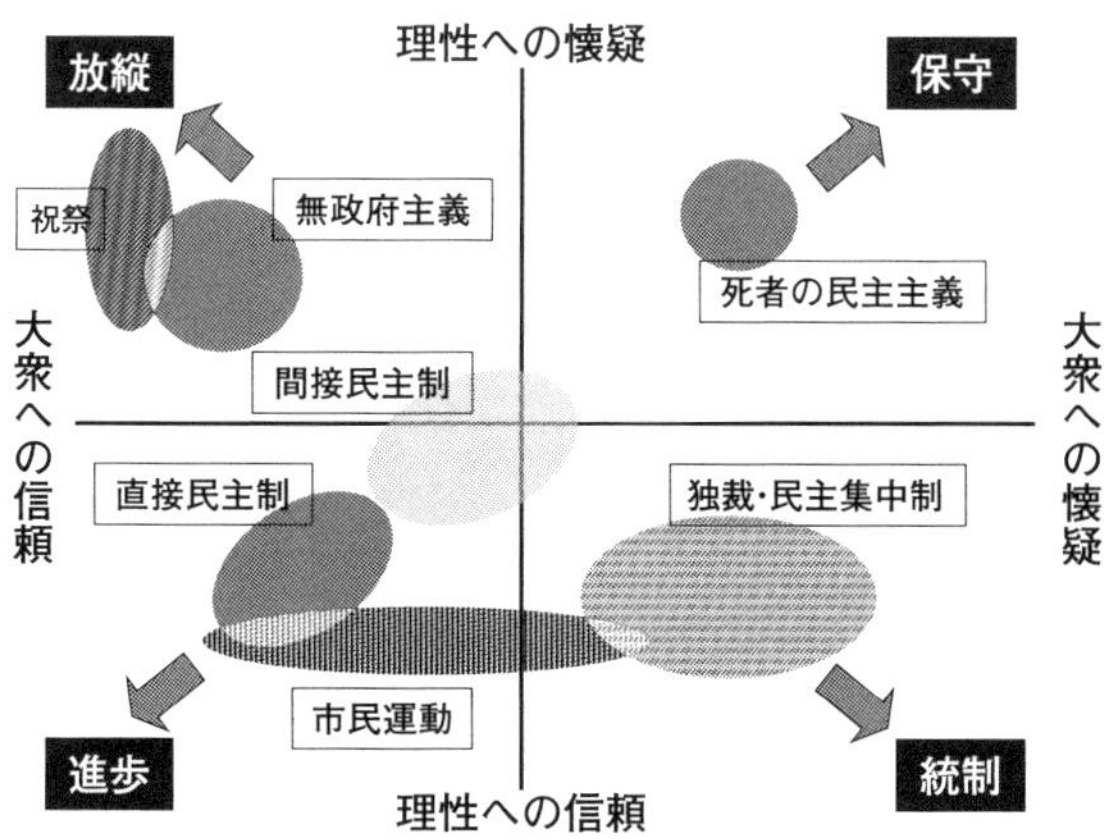

図８－１　保守と進歩

革命はまさにこの筋書きの証左である。

第二象限は、理性には懐疑的だが眼前の大衆の行為は肯定するという場合で、「祝祭の時空」の典型例は阿波踊りである。「踊る阿呆に見る阿呆」だから、そこにいるのは「阿呆」つまり理性を欠いた人々である。しかし「同じ阿呆なら踊らにゃソンソン」ということはつまり、「阿呆」であることが条件抜きで正当化されるということである。つかの間の祭りであればもちろんそれはむしろ許容されうる行為であろうが、社会全体がこちらに傾斜すると無政府主義の奈落に落ちていく。

第三象限には二つの民主制が記されている。より市民運動に近いのが直接民主制で、国民投票や署名運動を重視する。昨今のランキング志向もこの範疇に近い。それに対して、「当時者」の判断だけでは心許ないとする配慮から、代表者を選挙で選び、さらに一定期間ごとにその再評価を実施するという間接民主制は、そのときそのときの大衆の判断だけに頼ることには少し懐疑的だという意味で第一象限に近い。

＊

さて第一象限が、さきに述べた保守思想である。ここでは理性に対しても、そのときそのときの大衆の判断つまり「当時者」の判断にも懐疑的である。かと言って尊師や将軍様をひっぱり出すのではない。あくまでも主役は大衆である。ただ、第三象限が「当時者」だけを相手にするのに対して、第一象限は、「当時者」の判断の膨大な歴史的蓄積、すなわち伝統に判断の起点をおく。つまりより多くの人々の判断を求めようというのである。

だから伝統を重視することこそが民主主義ではないかと、奇抜なレトリックを披瀝したのが、推理作家にして社会思想家のギルバート・キース・チェスタトンである[4]。

○伝統とは、民主主義を時間の軸にそって昔に押し広げたものにほかならない。
○何か孤立した記録、偶然に選ばれた記録を信用するのではなく、過去の平凡な人類共通の輿論を信用する。
○たんにたまたま今生きて動いているというだけで今の人間が投票権を独占するなどということは、生者の傲慢な寡頭政治以外の何ものでもない。

卑近な例を出せば、いくたびの戦火にも抗して奈良の大仏はいまに伝えられてきた、それは過去の各時代の人々が、少なくとも大仏廃止という意思表示（投票）をしなかったからである、したがって、いま生きている人間、つまり「当時者」だけが勝手に投票をして「大仏殿をとり壊し、跡地をマンションにすべし」などとすることは多数決原理に明確に反する、ゆえに伝統は尊重されねばならない……。これを「死者の民主主義」と言う。

ＡＫＢはスタートして七年あまりだが、「どん兵衛」は三十五年余のあいだ激しいカップ麺戦争をかいくぐり生き残ってきた。だから「どん兵衛」の方が信頼性は高い。少なくともこの一点において、ＡＫＢは絶対に「どん兵衛」には勝てない。そういうことである。

さらに数十年の時を経てなお両者が健在であれば、ＡＫＢと「どん兵衛」は「いい勝負」ということになるかもしれない。その時まで、ＡＫＢのファンには気長に応援し続けてもらわねばならないことになる。

言説の漂流

人間は理性の動物だと言われるが、もし理性の固まりなら恋愛結婚は不可能だし、宝くじはすべて売れ残るだろう。かと言って、理性が信じられないのなら散髪屋には客は誰も寄りつかないだろう。「当時者」の判断にすぎないランキングのいちいちに一喜一憂するのもあさはかなら、「当時者」の判断に懐疑的すぎてカップ麺を一切口にすることなく人生を終えるのも不幸なことである。

つまり理性への信頼も懐疑も要は傾向性の問題で、両極に走るというのは、それこそ「理性的なふるまい」ではない。さきの図で言えば、X軸・Y軸のいずれについても、外延に走ってはいけないということになる。過去への省察を欠いた理性的判断など空虚だろうし、向上への意志や努力を肯定しなければ生きている意味もないからである。

＊

ただ、日本の場合、伝統なるものへの配慮がこれまであまりにも貧弱だったのはたしかである。一部の文化財の保護には熱心だったが、一方で、都市景観、地名、習俗などの保全には必ずしも関心は高くなかった。ヨーロッパでは、進歩的と言われるフランスでも、たとえばパリ旧市街の景観を守るために高層ビルの多くは新市街(ラ・デファンス地区)に追いやられているし、イタリアの命名法はいまでもカトリックの聖人や聖女からとるのが一般的だと言う[5]。

彼我の差の背景は単純ではないだろうが、一つには、第11講でも詳述するとおり、戦後日本が進歩主義の権化のようなアメリカの影響を強く受けてきたことが、その大きな原因としてあげられるであろう。果敢すぎた進歩主義は高度経済成長にはいくぶんか寄与したかもしれないが、その代償も大きかった。歴史地名はあっさりと捨てさられ、たとえば「いずみ台」のような論理矛盾はなはだしい名を冠されたニュータウンに没個性的な住宅が立ちならぶ仕儀となった。

わが国の戦後の言説空間も同様であった。進歩主義はなかば常識化し、保守思想は、政治的イデオロギーとしての保守、つまり革新の反語としての保守と混同され、守旧とののしられ、あげくのはてには右翼扱いされる始末であった。

*

しかしながら、時代は徐々にその色あいを変えつつあるようである。それは、自然のうめき声が人々に環境保全の必要性を気づかせるようになった、ここ何年かの趨勢に似ている。

パンツ売りの少女の登場はじめ、陰湿ないじめや学校裏サイトの盛況、成人式での飲酒や狼藉、愉快犯、無差別殺人、ストーカーなどの出来は、少なからず人々を困惑させはじめた。何かがおかしい……。かと言って、警察が走りまわってすむ問題ではないし、警察が走りまわってすべてが解決するような社会になっては、べつな意味で一大事である。ならばどうするか。

社会秩序の急激なブレを法律以外の方法、換言すれば伝統、規範という自生的秩序でコントロールする必要に多くの人が気づき始めたのもけっして不自然なことではない。

教育の世界にも、そういう急激なブレへの対処が始まったようである。前回の指導要領改訂では「児童の内面に根ざした道徳性の育成」「人間としてしてはならないことをしないように」……などの文言が登場し、規範の重視が謳われるようになった。

中学校公民的分野の教科書には「現代につながる伝統と文化」などの項目が新設されたし、小学校社会科では、その少し以前から市や町に残る伝統行事や文化財への関心をうながす内容がもり込まれている。これらは伝統文化の意義を述べるにとどまっていて、伝統の重視と規範の重要性とを結びつける視点にはまだまだ欠けるとはいうものの、ささやかな一歩だとは言えるかもしれない。

＊

もちろん、伝統だから常識だからの一言で生徒指導ができるほど事は簡単ではない。佐伯は言う。

『社会的是認』は、通常、いちいちそのつどの行為に対して判断されるものでもなく、表明されるものでもない。多くの場合、それは社会の通念や『常識』と言われるもの、人間関係、社会的権威のあり方、こうした制度や慣行の中に埋め込まれており、それに対する著しい逸脱に対する拒否反応という否定性において発現する[6]。

つまり、「著しい逸脱によってしか発現しないものを日常的に確認する」という離れ技がそこには必要となる。何かの問題行動があったときに伝統なり規範なり常識なりをもち出して指導するには、その前提として、伝統なり規範なり常識が、いかに大切でありがたくて、時には厄介だけれどもないよりはあった方がよいものなのだということが、日常的に教師と子供に共有されていなければならない。

気の長い処方箋かもしれないが、しょせん教育とは気の長い話なのである。

「どん兵衛」をささえる英雄たち

保守とはけっして固守でもないし、座して何もせず流されてよしとするものでもない。ただ、改革への意志や努力に過剰な期待や性急な判断を与えないというだけのことである。

何事かについて従前とは異なるスタイルを提案したとして、それがあらたな伝統として根づいたのか、それとも一時の世迷言に終わったのかは、数十年、数百年ののちにあきらかになることで、変えた（つもりの）本人には、そんな未来のことなど知る由もない。だから伝統はつねに完了形でしか語りようはなく、それを現在進行形や未来形で語ることはできない。つまり伝統や規範は、変えるものではなく変わるものなのである。

自身の理性に対してつねに謙虚であり続けるなら、人は、程度の差はあれ、保守的であらざるをえない。それはけっして恥ずべきことではない。なぜなら、創造への意思やその希求行動は人間の本能とも言えるもので、それに対してあえて禁欲的であるというのは、進歩的であるのと同じかそれ以上に高度に知的なふるまいにほかならないからである。

＊

われわれは、即席食品というあらたな摂食の手段を得た。「どん兵衛」に代表されるカップ麺は、いままさにデファクトスタンダード（事実上標準となってしまった基準）化しつつある。いつの日か、それが一つの食の伝統と認識されるような時代が来たとき、「どん兵衛」を開発し、それを愛好した多くの現代人のいとなみは、伝統の創造者として未来からの称賛を受けることになる。

チェスタトンの言をもう一度引いておこう。

時には、人間は未来に対しては祖先でもあるという事実を悟ることである。〈中略〉われわれは古代の英雄であるかもしれぬ。神話の主人公、太陽の化身であるかもしれぬのだ[7]。

＊

本講は、だからと言って今すぐどうこうすべしという「進歩主義的な」趣旨の主張ではない。以上の議論への賛否など二の次のことである。記憶されるべきは、その賛否以前の問題として、このような思想に触れてみる機会がまったく用意されていないという、現代日本の学校教育のうすら寒い現実である。けたたましい思想論争はわきに置いて、しばし先哲の声に耳をかたむける時間も用意されてしかるべきではないだろうか。

注

1　G・K・チェスタトン（安西徹雄訳）『正統とは何か』春秋社、二〇〇九、二三頁

2　E・バーク（佐藤健志編訳）『新訳・フランス革命の省察』PHP研究所、二〇一一、一二一〜一二三頁

3　中川八洋『正統の哲学 異端の思想』徳間書店、一九九六、第五章

4　前掲1　第四章

5　二〇〇九年の統計によると、イタリアでの男子の命名の第一位はフランチェスコであった。また女子の第一位は古代

ローマの名門貴族ユリウスに由来するジュリアンであった。（産経新聞二〇一一年六月十九日）

6　佐伯啓思『倫理としてのナショナリズム』NTT出版、二〇〇五、一五八頁

7　G・K・チェスタトン（安西徹雄ほか訳）『棒大なる針小』春秋社、一九九九、一八頁

第9講　君は自分と通話できるケータイを持っているか
――存在について考える

畿内から海路で、あるいは淡路島を経てたどりついた旅人が四国の地を最初に踏みしめるところ、徳島県鳴門市岡崎。ここから一本の道が伸びる。左に妙見神社をみて撫養川を渡りＪＲ鳴門駅を右に見て西進、道はほどなく第一番札所・霊山寺山門にいたる。ここから四国霊場八十八か所、総延長一三〇〇㎞の修行の旅が始まる。

パリ４区。市庁舎から西へ数分歩いたところにサンジャック（聖ヤコブ）の塔がある。塔の脇の小さな通りは、ノートルダム寺院を左に見てセーヌ川を渡り、サンジャック通りの名を冠され南へ伸びる。その延長線上、オルレアン、トゥール、ポワティエなどの町を経て、道はイバニエタ峠（一〇五七㍍）でピレネーを越える。そこからなお八〇〇㎞余、巡礼の道「エル・カミノ・デ・サンティアゴ」は、聖地サンティアゴ・デ・コンポステラ（聖ヤコブの墓）をめざす。

弘法大師や諸聖人にまつわる伝説は道中に事欠かない。傷病治癒の奇跡、勧善懲悪、因果応報譚は驚くほど酷似している。インターネットが瞬時に世界を結ぶ現代にあってもなお、前近代はたしかに息づいていて、その息づかいをこそ求めて多くの若者が受苦の旅に出るという。彼ら彼女らの巡礼への思いも、洋の東西を問わず、また酷似している。

共時的自己認識と通時的自己認識

人は成長するにつれて、空間的にも時間的にも、より広い視野で物事を見ることができるようになる。そのさまを素直に学習順序に反映させたのが同心円拡大原理にもとづく学習課程である。

空間的な拡大を例にとろう。小学校社会科三年生の冒頭は「校区たんけん」である。学校のまわりの徒歩で巡れる程度の範囲のあれこれ、ならびにそのあれこれの調べ方やまとめ方を学ぶ。四年生になると自分たちの住んでいる市区町村ならびに都道府県が対象となる。五年生になると日本全国に、六年生になると比較的身近ないくつかの外国にまで学習対象は広がる。さらに中学校になると世界全体が視野に入ってくる。

時間的な拡大も同様である。小学校三年生では、家族に聞きとれる範囲、言い換えれば祖父母が子供だったころまでが主な対象である。四年生になると「開発単元」で主として江戸時代の地域開発などを学ぶ。六年生では日本の歴史を学ぶが、この段階ではまだ人物中心であって、厳密な意味での通史は中学校の歴史的分野が担当する。中学校でもたとえばエジプト文明が軽く紹介されたりはするが、人類の誕生のころまでを本格的に遡るのは高等学校の世界史に委ねられる。

＊

ここで一つ不思議な現象を指摘しておこう。空間的な拡大の場合、小学校六年生でも中学校の地理的分野の最終部でも同様なのだが、必ず「遠い地域とのむすびつき」に関する単元が存在する。たとえば東京書籍版社会科教科書の六年下の最終単元「世界の中の日本」では、アメリカ合衆国など三か国を、日本とのつながりないし結びつきという観点からとりあげ、巻末には「日本とつながりの深い国々の生活の様子について、表にまとめてみよう」という「学習のまとめ」が例示されている。つまり、空間的な拡大は、たんに遠い世界のことを学ぶだけではなく、遠い世界と自分たちとのつながりを学ぶということも忘れてはいないのである。

ところが時間的な拡大の場合はそうではない。日本の歴史であれ世界の歴史であれ、学習内容は多くの場合時系列的に配置されているのだが、各時代と現在の関係を考えるという視点はない。せいぜい室町時代に生まれた茶道が現在にも伝えられているという話題程度である。遠い時代と自分たちとの「つながりを学ぶ」という視点は強調されない。

このように書けば、いや歴史そのものがつながっているのだから、時系列的に学べば遠い時代と自分たちとのつながりは学べるはずだという反論もかえってこよう。たしかにそのとおりなのだが、そこでのつながりは、歴史の事実（戦争とか、革命とか）のつながりであって、それを学んでいる「わたし」の生き方とのつながりでは必ずしもない。さきに例にあげた教科書でも、「空間的存在としてのわたし」を再確認する場が用意されているのに対して、「歴史的存在としてのわたし」という観点の確認の場は見あたらないのである。なぜだろうか。

たとえば「地理ドラマ」とは聞き慣れない表現だが、「歴史ドラマ」ならよく耳にする。つまり、歴史はドラマティックな側面をもつので、自他の歴史を語れば、そこになんらかの情熱が介在することを免れない。時に、過大な賞賛や極端な自虐が伴ったりする。だから、その余地をできるだけ封じようとして、歴史の語り方、とくに学校教育におけるそれは、つとめて冷静で科学的、法則探求的であろうと心がけた。「わたしたちの来し方」としての歴史、来歴としての歴史という観点が等閑視されてきたのは、たぶん、その副作用だと思われる。

つながりの授業

「わたし」は多くの先人の喜怒哀楽の延長線のその最先端に生きているという意識、つまり通時的自己認識をもたせることは、歴史を学ばせることの重要なねらいのはずである。第10講でも触れるが、人間は過去を断ち切られて正常ではあり得ない。ならば、後ろ向きの直線＝時間軸をどこまで意識的に延長（遡及）できるかは、その人の人生に大きな影響をもたらすはずである。

右のような観点をふまえて行われる意欲的な授業がある。いのちのつながりの授業である。観単に紹介しておこう。

下図のような逆三角形の図を示し、最下段の長方形のなかに自分の名を記入させる。そしてその上の二つの長方形に父親と母親の名、さらにその上段にはそれぞれの両親の名を記入させる。大学生でも書けるのはせいぜい祖父母までである。もっとも、この作業は導入のためで、名がいくつ書けるかは問題ではない。念のために付言しておくと、母親が二人いるというような例もある。複雑な家庭事情をかかえている子供がいる場合には、特別な配慮を要する。

つぎに、先祖の数の計算に入る。一世代を三十年と仮定すると、自分が生まれるには、その三十年前に生まれた二人の存在が必要だということになる。三十年前に二人、六十年前に四人、九十年前に八人……である。鎌倉時代まで遡ると、「わた

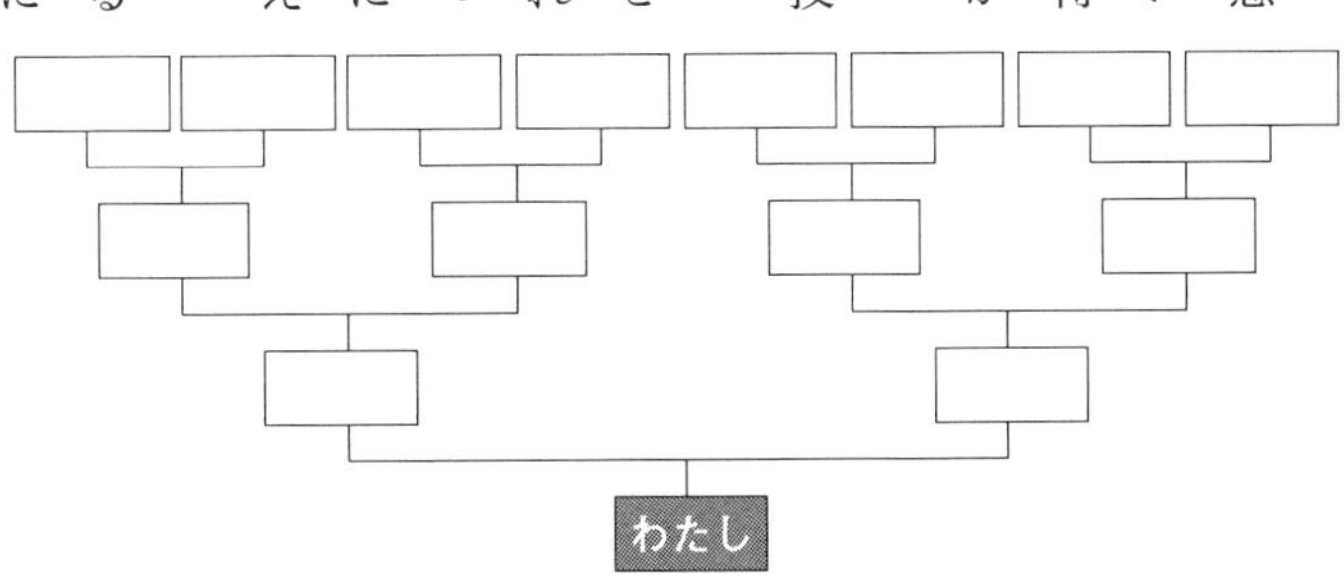

図９－１　過去へのつながり

し」の関係者だけでも一億三千万人を越える。しかし十二世紀の日本の人口はせいぜい七〇〇万人とされているから、これはいったいどうしたことかという素朴な疑問が湧いてくる。

この答は簡単で、先祖どうしのダブルカウントがあり、「わたし」の先祖とだれかの先祖のダブルカウント、トリプルカウントがあるからである。つまり、「わたし」と徳川家康は、かなりの確率で「親戚」である。「わたし」とテレビで活躍しているあの人気タレントとも、どこかでつながっている「親戚」である。「そうか、みんなどこかでつながっているんだ」という声が漏れてきたら、この授業の目的の一つは達せられる。相田みつをの詩「自分の番　いのちのバトン」を朗読させたら、より感慨深い終結になろう。

目的の二つめは、巨大な逆三角形を構成するたくさんの人物のうち、どの一人が欠けても（正確には、子供を産むという機会にめぐまれなかったら）、自分はいまここに存在しないということを確認させることである。この操作は簡単である。どれか一つの長方形を消し去れば、文字どおりドミノ倒しの要領で三角形は崩壊し、最下段の「わたし」は消滅してしまう。第1講で述べた「いのちのつながり」の奇跡を、じつに簡単な操作で可視化することができる。

＊

大学学部一年生を対象として同様の授業をとび入りで行った。受講生が寄せた感想文の一部を紹介する。

私は社会の中で生きているということ、人類は皆かかわっていること、楽しみながら学習出来ました。私が今、命を断ってしまうと、これから先の何人の人の命を奪うことになってしまうのか、そう考えると、本当に自分の命（もちろん他の人の命も）を大切にしなければならないと思いました。今日の授業を受けて、皆つながっていると聞いたとき、感動して少し涙が出そうになりました。命を大切にするということと、私は社会の一員であるということを、いつも考えながら生活したいと思います。とても良い授業が受けられて嬉しいです。

先日、私の高3の時のクラスメイトが自殺をしてしまった。私にとっては知人が死んでしまうというのは、初めてのことだった。一人の人が死ぬと、残された人は本当にくやしくて悲しくて、たえられないものがある。それに加えて、今までずっと続いてきた命のバトンをもとだえさせてしまうのだと、今日の授業で分かった。命は自分だけのものではない。過去の人たちのおかげで生まれ、そして現在の人たちのおかげで支えられている。私たちは、次のそれを未来につなげる義務があるのだろう。

自分という存在は、家族の中だけのつながりであって、他の人からすれば関係はあるけどなんだか壁があるような感じがあったけど、みんなどこかでつながっているのだと考えると、なんだかホッとする感じがしました。特にこっちに来てから（親と離れて）一人ぼっちだっていう考えが心の裏にかくれてました。でも今日の授業でみんなどこかでつながってて、今までのバトンを背負ってるんだって思うと、自分だけじゃなくて他の人も大切にしよう！って思えます。今日の授業はすごく心の栄養になりました。

今日の授業は本当によかったです。受けていて、うれしくなったというか、元気が出てきたというか、なんと言うか涙が出そうになりました。今日のような授業をしたら、子どももきっと喜ぶだろうと思います。家系図の話は何かの本で読んだことがあって、まわりの人とつながっているなんてすごいなあと思ってました。はじめのお金の話は心に響いてきました。今日授業を受けられてよかったです。ありがとうございました。これからもがんばろうと思いました。なんかいろいろ。

最後の七文字、「なんかいろいろ」。なんとも含蓄に満ちた七文字ではないか。

三つの三角形が交わるとき

以上の授業の延長バージョンを提案しておこう。今度は逆三角形をひっくり返して、上向きの本来の三角形にするのである。当然「わたし」が一番上にくる。その「わたし」がパートナーを得て子供をもてば、上から二列目ができる。単純に子供は二人とする。その子供がまたパートナーを得て……とくり返していくと、子孫の三角形が未来へむけて広がっていくのがわかる[1]。

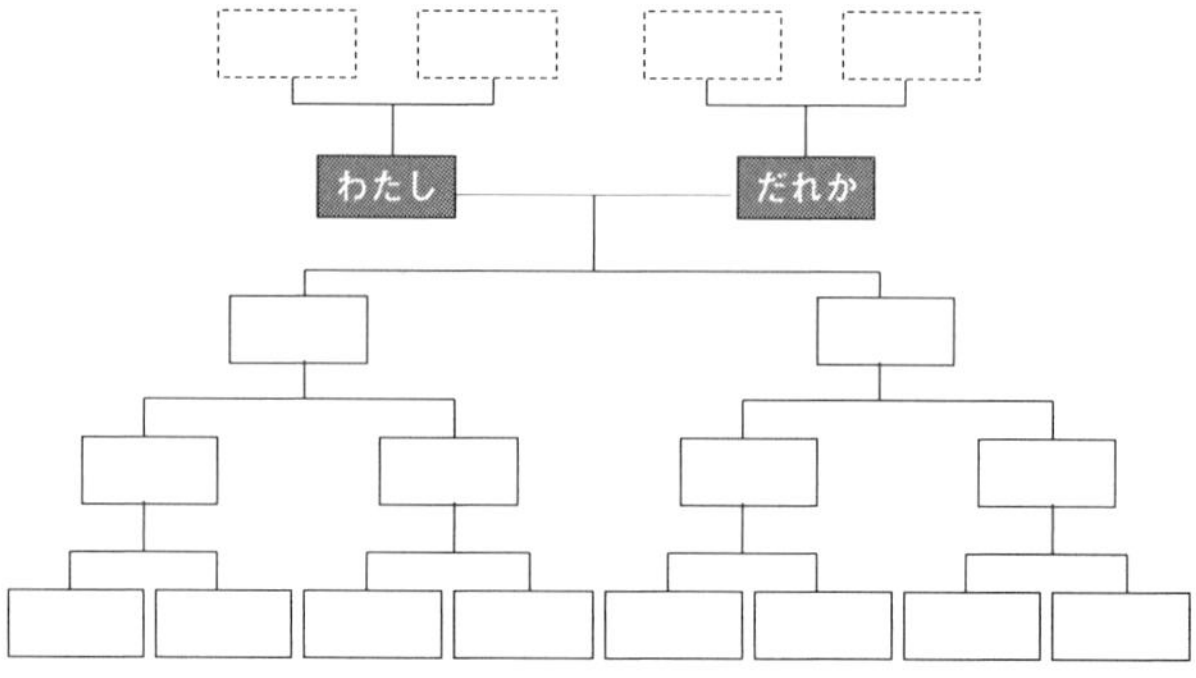

図9－2　未来へのつながり

この未来の三角形と、前述した過去の三角形を上下につないでみる（図9—2）。その結節点にくるのは「わたし」と「わたし」のパートナーである。「わたし」にかかわる過去の三角形、「わたし」のパートナーにかかわる過去の三角形、そして「わたし」とパートナーとがともにつくり上げるであろう未来の三角形、あわせて三つの三角形がつながりあう一瞬、それを人は結婚と呼ぶ。

だから結婚式とは、たんに好きあった二人が一緒になるという刹那的な行事であろうはずはない。二人の門出を祝福しているのは、過去に生きた多くの関係者と、未来に生きるであろう多くの関係者である。そのときその式場に集まってくれた「当時者」は、その関係者のほんの一部にすぎない。だからその不備を補うために、集まれなかった多くの関係者を代表して、「時」をつらぬく存在である神や仏を、われわれはそこに同席させるのである。

＊

もちろん、なんらかの事情やこだわりのゆえに既成の宗派宗教色を排した結婚式や人前結婚式があってもそれはかまわない。しかし、たとえそうであっても、広い意味での宗教的な面持ちというものを、儀式は排することはできないのではないか。何よりも、二人が出会えた奇跡を感謝しようと思えば、そのきっかけを作ってくれた誰かに感謝せねばならず、その誰かに出会えた奇跡を感謝しようと思えば、その誰かに出会えるきっかけを作ってくれたそのまた誰かに感謝せねばならず、その……。

たぶん、この思考のはてには、神や仏のような存在しかないのだろう。

コミュニタス＝非日常のやすらぎ

つながりを見失い、個がバラバラに生きざるを得ないという現代の病弊については、多くの識者の語るところである。つながりが見えにくくなった時代だからこそ、人は、とくに若者は、かりそめのそれであるとはわかっていても、そこにわずかばかりの手がかりを求めて携帯電話にすがりつく。それは情報端末であると同時に「つながり確認端末」である。

携帯電話というこの現代の象徴的風景の大きな負の遺産は、情報端末としての高機能性ゆえに、そこに盛られた情報に耽溺するあまり、人は、そこには盛られることのない情報にかぎりなく無頓着になってしまったことである。

電車やバスの車内でうつむいて画面ばかり見ていると、興味をそそられる膨大な情報を得ることはできても、車窓を流れる風景の、その季節のかすかな移ろいには目がいかない。同じ車両に乗りあわせた老人の、そのまなざしの奥に見えるかもしれない彼／彼女の人生のあれこれを想像してみるだけの感受性が育たない。何よりも、内外のちょっとした事どもにいちいち好奇の目をこらす「子供の心」が磨耗してしまう。子供とともに歩むことを職業とする、あるいは職業としようとしている人々にとって、それは致命的なことである。

携帯電話無用論ではない。大切なのは、この世には、携帯電話やパソコンでは検索しきれないもの、対話しきれないものの方がずっと多いことに気づくことである。比喩的に言えば、どんなに高性能の携帯電話でも、死者とは通話できないという単純な事実に思いいたることである。

＊

非日常の世界に足を踏み入れてみることは、つながりを意識化する絶好の機会となる。ましてそれが受苦的な世界であれば、なおさら感動は大きい。多くの人々が巡礼に出るというのも、それだけつながりが見えにくくなったということなのだろう。何かしらの超越的な存在を共通の他者としてひたすら歩くことで、人は自己に語りかけはじめるのだと言う。二人の語りを紹介しよう[2]。

○四国八十八か所巡礼に出たある三十代女性の述懐。

ある日、高知で漁師さんが網を作っていてお話したことがとても印象に残っています。漁師さんが、「今日は大漁だった。今までで一番の大漁」と話すのを聞いて、いろんな人がそれぞれに日常生活を営んでいることの連続が人生なんだと実感しました。そんなふうに、気にも留めないことに対して、歩いている最中はいちいち意味づけして考えようとしていました。これは何のメッセージだろう?と。他の人が見ても同様に感じるとは限らないけれど、いちいち意味づけして考えていました。普段の生活では意味づけなんてしませんよね。でも、四国を歩いているときには、それがお大師様からのメッセージなんだと考えたり、太陽が昇ってきてきれいだったら「おつかれさん」と言ってくれているんだと感じたり、そうやって自分や自分以外の外の世界と勝手に対話しているというか。

○「日本カミーノ・デ・サンティアゴ友の会」設立者、森岡朋子の述懐。

カミーノではある意味、五感が全開になります。聞こえていなかったものが聞こえてくるし、見えなかったものが見えるようになって。一度、本当に音のない場所に行ったんです。誰の足音も聞こえない。シーンとしているけど、風の音も聞こえれば虫の歩いている音まで聞こえてくるようなぐらいの静寂のなかで、もったいなかったから次の巡礼者が来るまでずっと座っていました。音とかすべてが皮膚をしみ透ってくる感じがして。巡礼しているとき、みんな生きるために歩いています。だから自殺なんてありえません。生きることを感じられる。動物の本能としての生きるということを思い出します。

＊

図９－３は、以上を総括するつもりで描出した「さまざまなつながり」である。空間的つながり、時間的つながりについては、多言を要しまい。そのほかにも人間は、さまざまなつながりの中で生きている。

自然とののっぴきならないつながりについては、第1講～第3講で触れたとおりである。意のままにならぬ自然や、荘厳な自然の響きは、サムシング・グレイトとして宗教の萌芽となった。自然の不可思議さへのあくなき好奇心は自然科学の壮大な体系を生んだが、最先端の知見では、科学も

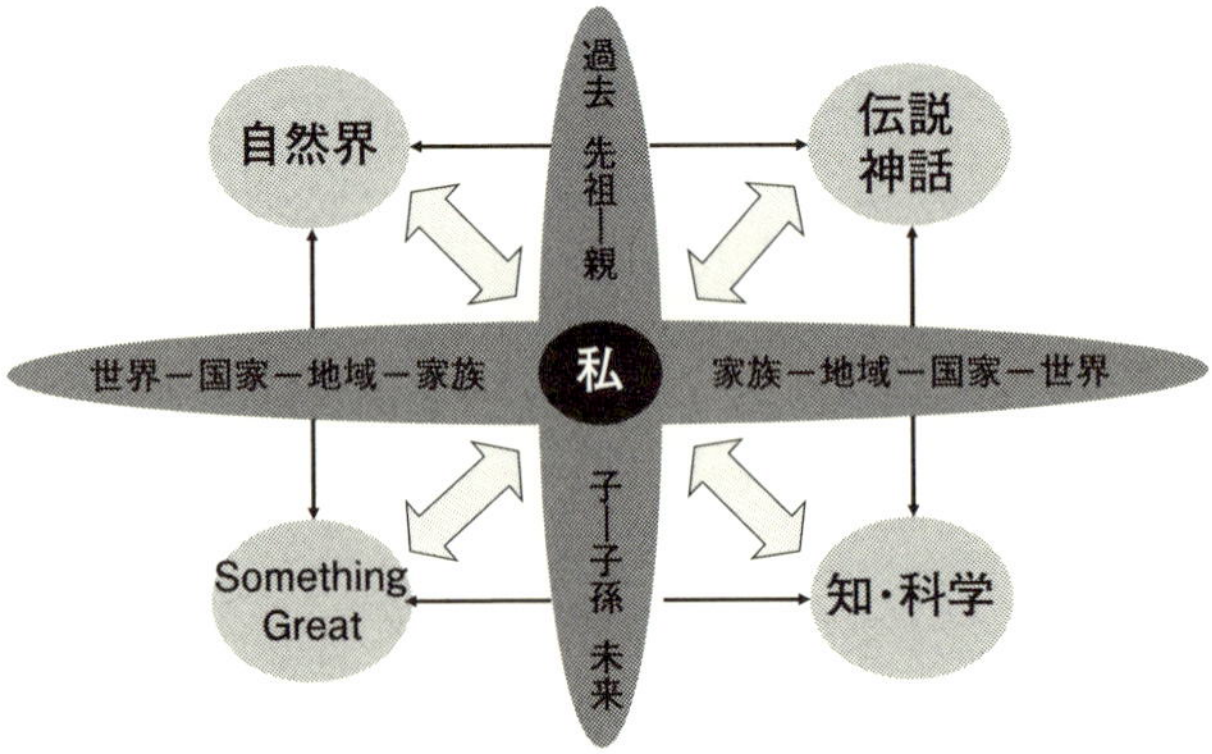

図９－３　さまざまなつながり

また物語であり宗教と本質的には変わらないとされる[3]。

ならば、「わたし」の四囲にある事ども相互もまた、大きなつながりの輪のなかにある。

＊

現代社会はつながりがなくなった社会ではない。携帯電話やパソコン、マスメディアなどの便利な文明のおかげで、ある種のつながりが見えにくくなった社会である。見えにくくなったつながりの相手とは、たとえば来歴としての過去であり、神や仏の遊ぶ観念世界であり、ともに抱え込んでいる人間世界の矛盾や不条理である。「わたし」にとって、それらが心地よいものであるかどうかは、この際関係はない。見えにくくなった部分が少しでも見えやすくなれば、人は「そこにもつながっているはずの自分」を見いだし、その分、安堵と元気をとりもどすだろう。「現代人の歪んだ生き方を根本から変革することは、この〝個を越えたつながり〟の回復によってしかなしとげられえない」[4]と、トランスパーソナル心理学も説く。

モダニズムのかげりをとらえて、ポストモダンだ脱構築だと言いたてることは、学界では可能だし必要なことかもしれないが、だからと言って、このような議論がダイレクトに学校教育の世界に移入されてよいわけではあるまい。人間形成という舞台では、前近代には、まだまだ出番があるはずである。

聖地をめざしてひたすら歩く若者たちの姿に、現代日本の学校がみごとに置き忘れてしまった教育の一つのかたちが投影されてはいまいか、いま一度問いなおしてみたい。

注

1 第1講でも同様の補足はしたが、このような「つながり」を強調する言説が「つながり」を強制する言説にすり替わってしまう危険性には配慮しなければならない。さまざまな事情から、上向きの三角形を描くことのできない人はけっして少なくはないからである。

2 鼻崎吉則『旅という学び』鳴門教育大学二〇〇八年度修士論文　資料編二頁、十二頁

3 左記が参考になる。
高橋昌一郎『理性の限界／不可能性・不確実性・不完全性』講談社、二〇〇八、とくに第二章「科学の限界」

4 諸富祥彦『トランスパーソナル心理学入門』講談社、一九九九、十七頁

四　戦争と平和の教育学

第10講　四月二八日、今日は何の日？

――断絶について考える

アリバイ崩しは本格推理小説の醍醐味の一つである。犯人と目される人物は、被害者の死亡推定時刻には現場から遠く離れた地点にいた、殺害は本当に不可能なのか？　難攻不落のアリバイに探偵役がいどみ、ささいな手がかりから犯人の巧緻な計画を見破っていく。

トリックには空間的なものと時間的なものがある。前者は、犯人が意外な方法で現場に到達することができた（例：時刻表トリック）とか、逆に現場がじつは犯人のいる近くであった（例：死体移動トリック）というものである。後者は、死亡推定時刻そのものを誤認させるもので、犯行時刻はじつは想定よりもずっとあとで、犯人にとって十分に犯行可能な時間帯であったというものである。

読者の目が肥えた昨今は、単純なフーダニット（犯人あて）やハウダニット（殺害方法さがし）だけではもの足りなさが残る。文学作品として深い余韻を味わわせてくれるのは、むしろホワイダニット（動機の解明）である。私見を許してもらえるならば、『危険な童話』はその代表作であろう。

さて本講は基本的には時間のトリックについてである。しかしその真の主題がホワイダニット、「動機」の解明にあることは、おのずとあきらかとなるだろう。

終戦記念日

八月十五日は日本人にとって特別な日である。甲子園球場では高校野球を一時中断してまで黙祷の時間が設定される。言うまでもなく、八月十五日は終戦記念日である。しかしそれがデマだとしたらどうだろう。

じつは八月十五日は終戦記念日と言うよりは、「終戦記念日だとされている日」と言った方が正確である。文献[1]をもとにかいつまんでその前後の事情を紹介しておくと、まず、日本が戦闘終結にふみきる契機となったポツダム宣言を受諾したのは八月十四日である。戦闘停止命令が出されたのは八月十六日である。もっとも、命令内容は単純ではなく、インターネットもない時代のことであるから、実際にはしばらくは戦闘は続いていた。とりあえずの手打ち式とも言える休戦協定（降伏文書）の調印は翌月の二日のことなので、八月中はある意味まだ立派に戦争中で、実際、ソ連が戦争行為の一環と称して北方領土を侵略したのは八月二八日のことである。

つまり八月十五日に戦争が終わったというのは、日本人一般がそう信じている、ないしは信じこまされているにすぎない。あとで述べるように戦争を国際的なもめ事の顛末だとする考え方からすれば、この日にはほとんど意味はないのである。

にもかかわらず八月十五日が「終戦の日」として日本人の心に深く刻まれているという事実は、玉音放送の存在がいかに大きいものであったかを物語る。また一説には、戦没者の慰霊という行為が「お盆」という古くからの習俗と重ねあわせてイメージされやすかったからとも言われている。お盆であれ玉音放送であれ、つまりは仏事や天皇制度という伝統が、リベラルと言われる人々も含めて日本社会一般にいまだしっかりと息づいていることがよくわかる。

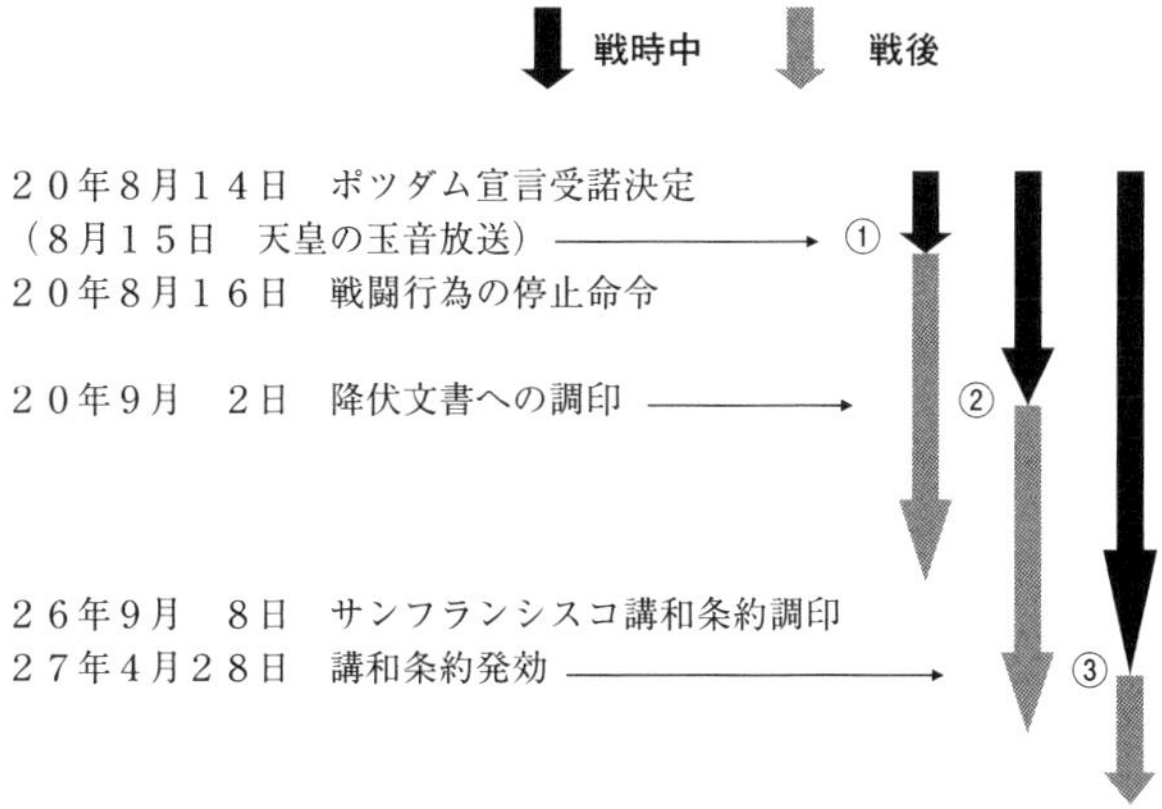

図10－1　三つの終戦

たしかに戦争と言われてまず思い浮かぶのは空襲、原爆、殺戮、徴兵、出征、疎開などである。「戦争＝戦闘」という固定観念からすれば、それらに一応の終止符が打たれればそれで戦争は終わったのだとみなしてしまうのも無理はない。だから八月十五日に特別な思いをいだくのも当然と言えば当然である。

それはそれとして措くとして、では正確なところ、あの戦争が終わったのはいつなのか。教科書には九月二日がそうであるかのように記載されていて、もちろんそれでもかまわないのであるが、「国家間戦争は宣戦布告にはじまり講和条約締結をもって終わる」という原則からすれば、終戦はもっとあと、サンフランシスコ講和条約が発効した日、すなわち二七年四月二八日だということになる。

つまり上の図に示すように、戦争中と戦争後の分かれ目は三つあることになる。日本人一般が受け入れている八月十五日は「心情的終戦記念日」、九月二日は「形式的終戦記念日」、二七年四月二八日は「国際法的終戦記念日」ということになる。

＊

四月二八日にはとりたてて行事が行われることもないし、そもそもこの日がどのような意味をもつ日なのかを知る人々は少ない。しかしさきに記したように、戦争とは国際的なもめ事であるから、おもな関係国が終結を正式に了承し、敗戦国が主権を回復し正常な国家の状態にもどるまではあくまで「戦争状態」である。戦闘は終結していても戦争は終わっていなかった、わかりやすい例を出せば、殴り合いは終わったが、勝った方が負けた方をねじ伏せている状態が二七年の春まで続いていたということである。

二〇年八月ないし九月から二七年四月までの六年半あまりの期間は、正確に言えば占領期すなわち日本が主権を奪われ連合国側の占領統治を受けていた時期である。したがって四月二八日はその占領統治が終了した日、主権回復記念日、さらに言えば独立記念日だということになる。

自国の独立記念日をほとんどの国民が知らないというのは世界史的奇観である。

光と影

歴史には光もあれば影もある。当然のことである。歴史を教育の内容とする場合には、その両面をバランスよく伝えていくことが求められる。

しかし実際には光と影の扱いがアンバランスになることも少なくない。たとえば江戸時代はどちらかと言うと暗く語られることが多い。身分制度や飢饉の頻発などのイメージが先行するからであろう。じつはそういう暗い面ばかりではなかったのだという授業実践の提案も最近は散見されるようになったが、一度できあがったイメージはなかなか変わらないようである。

明治に入って文明開化あたりまでは比較的明るいイメージで語られるが、日清・日露あたりからは極端な「暗黒の時代」に入っていく。いくつかの戦争、思想弾圧、不況、人権の抑圧と、暗さを強調する材料には事欠かない。

転じて、昭和二〇年代は、大仰に言えば、まばゆいばかりに光り輝く時代のようである。もちろん、戦争に負けたのだから国民生活はお世辞にも幸福に満ちていたとは言えない。しかし、それまでの「暗黒の時代」の残滓が、諸改革によって次々と払拭されていったという意味では「光の時代」とも言えた。

大日本帝国憲法が改正され日本国憲法として再登場した。農地改革政策で農村に残っていた封建的な地主・小作関係は消滅し、日本経済を牛耳っていた財閥は解体され、民主主義を標榜する新教育が始まり、民法の改正は因習に満ちた家父長制度に風穴をあけ、普通選挙が実現し、女性の人権回復が進んだ。もちろん、たとえば農地改革がその後の農家の経営規模拡大の足かせとなったように、この時期の諸改革がすべて成功に終わったわけではなかったのだが、それでも巨視的に見れば、諸改革が新しい国づくりに貢献したのはたしかであろう。

＊

問題は、法的な終戦が二七年四月二八日だという「事実」を前提に考えるかぎり、それら一連の「改革」は、巷間言われているような戦後改革などではなくて、まさに「戦中改革」であり、「占領期改革」であったという点である。

ここから、占領国、はっきり書けばアメリカは、占領地での体制改変を禁じたハーグ陸戦条約第四三条、四六条に違反していたのではないかという疑念が生じてくる。ハーグ陸戦条約とは、正式には「陸戦ノ法規慣例ニ関スル条約」と言い、明治四五年一月十三日に公布されたものである。

第三款　敵国ノ領土ニ於ケル軍ノ権力

第四三条　国ノ権力カ事実上占領者ノ手ニ移リタル上ハ、占領者ハ、絶対的ノ支障ナキ限、占領地ノ現行法律ヲ尊重シテ、成ルヘク公共ノ秩序及生活ヲ回復確保スル為施シ得ヘキ一切ノ手段ヲ尽スヘシ

第四六条　家ノ名誉及権利、個人ノ生命、私有財産並宗教ノ信仰及其ノ遵行ハ、之ヲ尊重スヘシ

要するに、戦争に勝ったからと言って敗戦国にのり込んで好き勝手なことをしてはいけないという規定である。これはおそらくは復讐の連鎖を断ち切るための知恵であろう。

当然のことながら、憲法改正、農地改革、神道禁止令、墨塗り教科書などのアメリカによる「改革」は、戦後ではなく占領下で行われたわけであるから、このかぎりにおいては陸戦条約違反ということになる。つまり、終戦という「死亡推定時刻」が二〇年八月であれば何も問題は起こらないが、それが実際には二七年四月だったということになれば、そこにいささかの疑義が生じてくるというわけである。

もっとも、これについては、特別法は一般法に優先するという原則が平時に批准、公布された条約と戦時に関係国が結んだ宣言（ポツダム宣言）にも援用できるのかなど、専門的な議論が付随するのでこれ以上の言及は避けるが、いずれにせよ、大多数の日本人が、「あれは戦後だったのだ」と思いこんでいるという現実は、場合に

よっては条約違反を問われかねないアメリカにとっては、まことにもって都合のよいことだったという点だけは指摘しておこう。

日本人を再教育せよ

占領期の諸改革が当時の日本にとって干天の慈雨となったという側面は否定できない。すでに記したように、改革のおかげで軍国主義、国家主義のくびきから逃れ、日本は民主国家として新しい歴史を歩むことができたのである。その延長線上には高度経済成長、東京オリンピックの成功、GNP世界第二位という輝かしい成功の物語があった。

だからそれが戦後改革であろうと占領期改革であろうとどちらでもよいことではないかという見方もあろう。たしかに光の部分のみを見れば、そうである。しかし、その影に注目すると話は変わってくる。すなわち、前記の一連の行為が占領期改革であった以上、それは占領者の露骨な戦略的意図の反映であることを免れなかったという事実である。

「降伏後に於ける米国の初期の対日方針」[2]は第一部で「究極の目的」をつぎのように明記している。

日本国ニ関スル米国ノ究極ノ目的ニシテ初期ニ於ケル政策ガ従フベキモノ左ノ如シ

(イ) 日本国ガ再ビ米国ノ脅威トナリ又ハ平和及ビ安全ノ脅威トナラザルコトヲ確実ニスルコト

(ロ) 他国家ノ権利ヲ尊重シ国際連合憲章ノ理想ト原則ニ示サレタル米国ノ目的ヲ支持スベキ平和的且責任ア

ル政府ヲ究極ニ於テ確立スルコト（以下略）

ひらたく書けば、一連の民主化政策なるものは、アメリカが日本の人々の幸せを願って実行してくれたわけではけっしてなく、喫緊の課題であった対ソ包囲網構築という世界戦略と表裏一体のものとして展開されたのだということである。

＊

しかし、昨日の敵を今日の友に豹変させるのは実際には容易ではない。二つの方法が考えられた。一つはアメリカがいかにすばらしい国、正義の味方であるかを思いしらせること、いま一つは日本がいかに遅れた異形の過去をもつ邪悪な存在であったかを思いしらせること、である。そのために動員されたメディアがラジオと八ミリ映画であった。以下、ＮＨＫ特集「日本人を再教育せよ」（平成十二年八月四日、四国地区で放送）の一部を誌上再現して、その赤裸々な宣伝工作の一端をみてみよう。

ＧＨＱの下部機関であったＣＩＥ（民間情報教育局）が制作した宣伝映画フィルムが徳島県立文書館（徳島市）で大量に見つかった。番組はその一部の実写と関係者へのインタビューからなっている。

アメリカのすばらしさを伝える場面としては、続々と建設される高層アパート、そこに住む家族の豊かな生活、冷蔵庫などの設備がととのった機能的な台所、誰でも努力すれば夢は叶えられるというアメリカンドリームを体現した女優の姿、バレーやオーケストラなどの多彩な娯楽教養シーンなどが紹介されている。

日本社会の遅れた側面を強調するものとしては、重病で苦しむ幼子の枕元で滑稽ともとれる派手なパフォーマンスをくりひろげる女祈祷師の姿が紹介されている。「腰の曲がる話」では、日本の高齢女性の腰が曲がるのは農作業や土間での台所仕事だけが原因なのではなく、父親や夫、嫁ぎ先の両親、警察官や役場の吏員などに、事あるごとにペコペコするからだという強引な理由づけのもと、女性の地位の低さを訴えている。

もちろん、前向きな啓蒙もある。長野県佐久市の病院をモデルに制作された映画では、「子供のことは父親に任せておいてはだめだ、みんなで力をあわせて農業協同組合をつくりなさい」と医師に語らせ、「育児と栄養」というフィルムでは、授乳期の母体の健康管理が大切であることをディズニーのアニメを駆使して教えている。教育委員公選制へむけての討論会のようすをドラマじたてにしたり、徳島県内でのホームプロジェクト（家庭科教育として行われた生活改善運動）の研究発表風景なども収録されている。

番組では、当時視聴者であった人々や、日本人再教育計画を推進したアメリカ在住のもとＣＩＥのメンバーなどへのインタビューも続く。

映画の企画や制作もさることながら、それを実際に視聴させるためにも大変な労力が投下されたようである。映写部隊は、映写機、フィルム、それに自家発電機をリヤカーに積み、徳島県に関して言えば、現在でもほとんど公共交通機関にめぐまれないような山間僻地にまで出かけたことがわかっている。他府県でも事情は同様であったであろう。

＊

この種の宣伝工作としてはＮＨＫラジオの「真相はかうだ」がよく知られている。こちらは日本の戦争責任を問いただすもので、軍隊なるものへの嫌悪感を増幅させることで再軍備への意欲をそぐものであった。同時に軍や国家権力と国民との間の溝を深めることで、強い政府の出現を阻止しようとしたとも想像される。再度くり返すが、その「動機」がどうあれ、アメリカの占領期改革は、総じてそれほど悪質なものではなかったのではないかという解釈にも十分に首肯はできる。ただ、ここで確認しておきたいのは、絶対に看過できない巨大な影がそこにあったことである。

それは、アメリカが自身を正当化するために日本の過去を少なからず弾劾し、ために、みずからを肯定的に語るということに一種の後ろめたさを感じるような、異常な心性を日本人に植えつけてしまったという影である。

不幸に気づかないという不幸

東日本大震災のあと、瓦礫のなかで被災者が懸命にアルバムを探し求めていた姿はまだ記憶に新しい。生活の糧になるはずもないアルバムを、どうして人は探し求めるのだろうか。

震災の一か月後、陸前高田市立横田小学校で、家を流され、家族や知人を失い、絶望にうちひしがれた卒業生が集まって、かつて校庭に埋めたタイムカプセルを掘り出し、自分たちがたしかに生きてきたという証しを確認しあうなかで再起を誓いあったという報道もすこぶる示唆的であった。

マサイ族は、かつての故郷からケニアにある現在のマサイ族居住地へ移動させられたとき、新たな土地の丘や平原や川に、かつてのそれと同じ名前をつけた。そして、著しい変化を受け容れざるを得なくなった人や民族はみな、まさにこのような何らかの形で、何ら変わりがないかのごとく言い繕うことによって、滅亡の恥辱を免れているのである[3]。

人も民族も国家も、その来し方を否定され抹消されてしまえば、精神的支柱は無惨にも崩落する。名前を奪うこと、言語を奪うこと、過去を奪うこと、あるいはそれらをみずから放擲せざるを得ない状況に追い込むこと、それが人間集団に対するいかに残酷な仕打ちであるかは、たとえばホロコーストや奴隷貿易の秘話を描いた映画「ルーツ」を引きあいに出すまでもなくあきらかであろう。

当然のことながら、アメリカは、そのことを百も承知で数々の占領期改革を断行した。日本の過去の、とくに戦前の暗部を過大に断罪することでアメリカの光の部分を喧伝し、かつての敵国をあざやかに手なずけていった。

＊

敗戦の虚脱のなかで、なお自身のタイムカプセルを開けることを許されなかったところに、戦後日本の不幸の始まりがあった。いや、本当の不幸は、それが不幸であることにすら気づかないという不幸なのかもしれない。昭和二〇年代が光ばかりだったなどというのは迷妄にすぎない。その影の部分は六〇有余年の歳月を経てなお、われわれの国に暗い「影」を落としているのである。

次講では、教育の世界に多く例をひきながら、その「影」の一端をのぞいてみたい。

注

1 佐藤卓己『八月十五日の神話—終戦記念日のメディア学』筑摩書房、二〇〇五

2 上田薫『社会科教育史資料』東京法令、一九八八、四頁

3 マイケル・オークショット（嶋津格ほか訳）『政治における合理主義』勁草書房、一九八八、二〇二頁

第11講　どうすればディズニーランドに住むことができるか

――幻想について考える

小学校社会科四年生に通称「ゴミ単元」という学習がある。ゴミのような単元という意味ではない。生活にともなって必然的に出るゴミがどのように処理されていくのかを学び、行政サービスの意義やそのあり方について考えさせる単元である。

以前、四年生の教科書編集を担当していた時、この単元の導入事例としてディズニーランドをとりあげてはどうかと提案したことがある。生活ゴミの処理という本来の趣旨とは少々ズレるが、ディズニーランドと言えば子供にとってこの上なく関心のある場所で、しかも多くの人が訪れるからゴミも大量に出るであろうことは小学生にも想像はつく。それがいったいどういうしくみで処理されているのかは、大人でも興味あるところである。

早速、関係者にあたってもらったところ、「取材はお断り」ということであった。ディズニーランドは夢を売る場所だから、ゴミ処理などという「日常世界」を衆目にさらすわけにはいかないらしいのである。

世に煩わしい事どもがあふれかえっている時代だからこそ、人々はつかの間の癒しを求めて、この完璧に演出された夢の世界を訪れる。留意しなければならないのは、それが「つかの間の癒し」なのだということである。

「戦後」を問いなおす

「戦後三九年ということ」と題された有名な授業実践がある。昭和五九年十二月に千葉県の小学校で六年生児童を対象に実施されたものである。この授業は、用意された教材のユニークさとドラマティックと言ってもよい見事な授業展開で一躍関係者の注目するところとなり、のちに、当時カリスマ教師と噂の高かった有田和正が「戦後四六年ということ」と題する追試（リメイク）授業を行ったこともあいまって、さらによく知られるようになった。

かいつまんで概要を記しておく。素材となったのは『クラウゼヴィッツの暗号文』[1]に掲載された「戦争地図」である。それは昭和二〇年八月十六日以降に世界で起こった武力衝突、内戦、テロなどを世界地図に年ごとにプロットしたものである。授業者はそのなかから昭和二一年、三一年、四一年、四七年、五一年、五八年の六つの年の地図を子供に提示した。基本的には十年ごとであるが、対象となった子供の生まれ年である四七年と最新版ということで五八年の地図が添えられた。

授業時間の前半は、各葉の地図に記された戦争呼称や関係国、主要な戦争の概略などを確認していく作業である。戦争の一つひとつをピックアップしていくことで、子供たちは第二次世界大戦終結以降もあちこちで戦争が起こっているのだという現実を知る。つぎに授業者は、昭和二〇年から五九年までを十年ごとに区切った四枚の地図（クリアシート）を提示する。それぞれの地図には、その十年間に起こった戦争の関係国が赤く着色されている。その四枚のシートを重ねたとき、子供たちからは喚声があがる。なぜなら世界中のほとんどが赤く染まっていたからである。

さらに授業者は、そのなかでも赤く着色されていない国が日本を含めて八つあることを確認させる。そして最後に日本が昭和二〇年以降戦争をしなかったのはなぜかと問い、日本国憲法前文の恒久平和主義、第九条の戦争放棄条項がはたした役割の大きさとそれらを今後とも護ることの大切さを説いて授業を終える。

＊

たしかに興味深い授業である。とくに「戦後三九年ということ」というタイトルが、（前講で紹介した議論はともかく）この授業の主題を簡潔に象徴していて小気味よい。授業者の設定したねらいと教材内容と授業展開も見事に重なりあっていてスキがない。

さて以下は批判である。教材の提示法その他の瑣事はここでは措く。問題なのはこの授業のそもそもの前提である。昭和五九年は本当に「戦後三九年」だったのだろうか。

資料として用意された「戦争地図」には、「世界的な戦争や国境戦、内戦だけでなく、クーデター、暗殺などの内乱から、誘拐、テロ、ハイジャックに至るまで戦争や国家の対立に関連するあらゆる事件が記されている」[2]。つまり戦争の概念を思いきり広くとらえている。とするならば、東大安田講堂事件（四四年）、連合赤軍による浅間山荘事件（四七年）、丸ノ内時限爆弾事件（四九年）などは、ここで言うところの「戦争」の範疇に入りそうだし、現にハイジャック事件（四五年、四七年）は、原著の「戦争地図」にはきちんと記入されているのである。つまり日本は無傷ではなかったのである。

植民地までも含めて赤く着色することで「戦争をした国」を誇大に表現し、日本については逆にその「戦争」の事実を隠蔽してまで「戦争をしなかった」ことを強調するというこの意図的な操作の背景には、いったい何があったのだろうか。

ダブルスタンダード

前講では、対ソ戦略を構築するという遠望のもとに展開された占領期改革の影について述べた。アメリカは、日本の旧弊をことさらに糾弾しアメリカの栄光をことさらに喧伝することを通して、強権的な手法をさほど用いることなく、昨日の敵を今日の友とすることに成功した。みずからの過去と現在をみずからの言葉で肯定的に語ることを忘れさせられたことは、日本国民にとってまぎれもなく不幸であった。

ここでは、占領期改革のもう一つの不幸について述べておかねばならない。それは、「改革」の結果としてあらたに生まれてきた異形の言説空間である。

*

占領期、アメリカはさまざまな手段を弄して、日本の軍国主義の復活を阻止しようとした。軍国主義につながりそうなしくみや制度、イメージは、ことごとく悪のレッテルをはられ排除されていった。国家や権力機構について考えること、国旗・国歌に親しむこと、軍事に関することやそれを想像させるようなこと、争いや対立にかかわろうとすること、大資本の存在、宗教への関心などを悪だとして退けたのである。対ソ戦略上重要な地政学的位置にあったかつての敵国日本をみずからの陣営にひきずり込み、従順な友好国として再建していくには、それは必須の戦略であったにちがいない。

しかし、当のアメリカはと言えば、世界に冠たる大国であり、諸処に星条旗を翻らせ、強大な軍事力をひけらかし、大統領が聖書に手をおいて就任の宣誓を行う国である。

ここに、目もくらむようなダブルスタンダードがある。ダブルスタンダードを放置することは精神の腐乱を招く。それを阻止するには、どちらかを真（善）として称え、どちらかを偽（悪）として滅却しなければならない。日本が選択したのは、アメリカが掲げた「ある意味での理想」を現実の目標として受け入れ、眼前の現実を理想に反する不純物として唾棄あるいは黙殺するという道であった。

かくして日本は、権力や軍事や宗教（正確には聖性）抜きではたして近代国家がやっていけるのかという壮大な実験場と化した。

理想と現実／善と悪

たとえば国家は悪グループに入れられ、対して市民、地球社会、国際連合などは善グループに入れられた。しかし、第４講で言及したように、地球市民論を唱え国家の存在を過小評価するというのは、現実問題としてけっして生産的なことではない。地球環境問題を解決するにしても、「一人ひとりの工夫や努力」あるいは「ボランティアや市民の輪」だけでは解決できない問題は山積しているのである。国家や何らかの権力機構のはたすべき機能を峻別し、なおかつ国家や権力機構の暴走をふせぐ手だてを考えあうことは、日本がめざしたはずの民主的な社会の成熟には最低限必要なことであったのだが、不幸なことに戦後日本の言説空間では、国家や権力機構に対して反発してみせることが、一種の知的ファッションとしてむしろ称揚されかねなかった。

伝統や保守は悪グループの代表格かもしれない。対して進歩・革新は善である。日本の占領統治がイギリスによってなされていたら事情はいま少し変わっていたかもしれないが、なにしろアメリカは、イギリスの旧態依然に業を煮やした血気盛んな人々が原住民を蹴散らして「新天地」に創設した新しい国家である。進歩主義の権化のような国である。宗教への思慮がそれなりにブレーキの役割をはたしてきたし、それへの疑念を隠さない対抗勢力もたしかに存在するとは言え、基本的には、輝く未来や己の正義を堅く信じる国である。そのアメリカの主導で戦後を歩んできた日本が、彼の地の価値観に影響されないはずなどあるまい。いや、ある意味では彼の国以上に純化され凝縮されたそれが移植されたと言えなくもない。わが国に進歩主義が異様に蔓延しているのはこのゆえである。

＊

強制や規制もまた悪グループに擬せられたようである。何事につけ束縛は悪だとして子供の自主性に任せ指導を失念した学校が崩壊の憂き目にあっているのは、もはやさほど珍しい風景ではなくなった。規範という歯どめなしに野放図に人が往来しはじめれば、「悪貨は良貨を駆逐する」のたとえどおり、社会は堕落に向かわざるをえない。

その歯どめの一つが宗教の存在であったが、公の場においては、その意義を堂々と認めることはさし控えられるようになった。宗教的情操教育は宗教宗派教育と峻別されないままにまとめて忌避され、学校で宗教と言えば、聖地や寺院の名前を覚えるという類の宗教知識教育だけが生き残った。

＊

対立や葛藤は悪で平和友好こそがめざされるべきだとされた。しかし、現実には笑顔ですべてが解決するわけではない。自国の利益を理不尽に主張してくる国家も少なくはない現実のなかで、それに負けない強力な交渉力が必要になることもある。

対立や葛藤とあえて向きあい、戦略的思考を駆使して交渉にのぞむ力をもつことは、じつは戦争その他の不幸を回避し自他の国民の生命を守るためにこそ必要な方策なのだが、戦後日本では必ずしもそうは評価されなかった。自国民を拉致されながら有効な手を打てていない現状も、戦後の長い習い性のゆえなのであろう。学校教育の場で、話しあいは推奨されてもディベートはあまり受け入れられないのも、なるほどと合点がいく。

＊

強者は悪グループで弱者は善グループというのも、そのような場合は少なくはないにしても、極端な腑分けにはちがいない。社会にはどうしても弱者と強者が生まれる。必要なのは、格差をゼロにすることではなくて、強者が弱者に手をさしのべることが規範ないし常識として確立することである。航空機事故の場合、親はまず自分が救命胴衣をつけてから子供にそれをつけることを要請される。弱者だからといって子供に先に救命胴衣をつけてはいけない。なぜなら強者が強者でなければ弱者を救うことができないからである。

バークは言う。「優れた者の地位を引き下げることで平等が達成されることはないのだ。どんな社会であろうと、多種多様な人間によって構成されているかぎり、支配層が現れるのは避けられない。／「引き下げ平等主義」にこだわる者は、ゆえに物事の自然な秩序を狂わせてしまう」[3]。

エリート教育への頭ごなし的な忌避も、たぶん、ここから発している。徒競走で順位をつけないことが教育なのではない。一位の子にビリの子をいたわる優しさを教えてやるのが教育なのである。

「小さな世界」

もちろん以上はいささか極端な二分法である。日常生活レベルでは、矛盾は矛盾とも思われず、表向きの言説と眼前の現実とのダブルスタンダードは平気な顔をして健在である。日の丸掲揚を批判する人がフランス国旗の翻るレストランで食事をしていたり、格差の悪を声高に叫ぶ人が偏差値をふりかざして子供を追い込んだり、食前の合掌を宗教行為だと批判する親が聖夜にはクリスマスケーキを囲んでいたりする。

だから一見平和である。つじつまのあわぬことをいちいち言挙げせず黙殺しておくことは、つじつまのいちいちを言挙げすることよりも賢いやり方だったのかもしれない。しかしそのような選択は、現実の矛盾や人生の苦悩に真摯に向きあうという、希求されてよい高貴な生き方とはあきらかに逆行する。

震災被災地から発せられた自衛隊への感謝は妥当なものだが、さりとて、軍隊とは何かという重い議論に人々が向かうわけではない。国境をめぐる他国との衝突には多くの人が眉をひそめるが、しかし、国家なる装置にまとわりつく光と影のはざまに分け入ろうとする人は少ない。一夜にしてパワースポットが誕生するかたわらで、宗教の魅力と魔力について冷静に思考を巡らせてみる人がそれほど多いとも思われない。

＊

世の煩わしい事どもと正対することをひたすら避け、イベントテーマソング「小さな世界」の歌詞そのままに、「世界中誰だって微笑めば仲良し」なのだと心底から信じないまでも、そう言いはることを自身の正義として、この国は生き延びようとした。「どうすれば住むことができるか」と悩むまでのこともない。われわれは、われわれの精神世界は、ある意味で「ディズニーランドに幽閉されている」のである[4]。

視点を変えれば、占領期改革そのものが完全に奏功したわけではない。「八月十五日」の例でも指摘したように仏教習俗や天皇制度はまだたしかに息づいているし、良きにつけ悪しきにつけ「日本人らしさ」のようなものが消えたわけでもない。美意識や死生観などは、そうすぐに入れ替わるものではない。逆に、アメリカお得意の議論の文化は半世紀以上を経てなお日本に定着したとは言えない。さらに言えば、強者＝アメリカ＝悪、弱者＝労働者＝共産主義＝善というような、アメリカにとってはまことに具合の悪い連想も生んでしまった。すっかり根づいた反戦・平和思考が反米ムードの一因になったのも、アメリカにとっては誤算だったのかもしれない。

だから、事態はそれほど深刻ではないのかもしれないし、占領終了後七〇年の時を経て、呪文の効果も少しずつ薄れてきているのかもしれない。社会のどの断面で見るかによって、その呪文の薄れぐあいにも濃淡はあろう。

けれども指摘しておかなければならないことがある。不幸なことに、学校という特別な空間では、あの忌まわしい呪文はまだかなり色濃く残っているらしいのである。

戦争よりもよい制度

再度「戦後三九年ということ」にもどろう。この授業をとり上げたのは授業者個人に対する批判が目的ではない。この授業が平和教育の代表例としてもてはやされたという「現象」そのものを吟味してみたいからである。授業は、「戦争は邪悪である」「日本は平和である」「その平和は憲法によって担保されている」「日本は正しい」などという単純明快すぎる前提によって成立している。そこからは、命を賭して独立のために戦った植民地の人々の凄絶な人生も、国際政治の裏にうごめく権謀術策のあれこれもみえてこない。当然のことである。それら煩わしい現実は「それはそれとして」枠外に留置されるからである。

それは必ずしも小学校六年生だからという発達段階論のゆえのみではあるまい。理想を高らかに掲げ、あえて現実の煩わしい事どもから目を背けるという、長い目で見て、子供の人間形成にけっして有効だとは思えない戦後日本の言説空間の典型こそがここに見てとれはしまいか。

授業者の理論によると、独立を求めて戦った人々は「平和のとりで」を築くことができなかった人ということになる。しかし、実際は戦うことによって、人権を踏みにじられることのない、また、財産を搾取されることのない「平和のとりで」を築いたのではないだろうか。植民地とされたところに暮らした人々は、平和的な手段による訴えを却下され続けたなかで、最後の手段として「戦争」を選んだ例が多いのではないだろうか。自分たちのアイデンティティを回復したり、子孫の生活を守ったりするために、自分の命までも銃弾の前にさらす「戦争」を誰が批判することができよう。

授業記録を読んだ受講生のコメントである。この厳しい指摘に、どれほどの教師が正対することができるだろうか。

色摩は言う5。

平和とは肯定的概念であり、一つの「制度」とならなければならない。それは当然に、戦争よりもさらに高度の集団的努力を必要とする制度である。しかも、そのような「制度としての平和」つまり「戦争よりも合理的で実効的な国際紛争解決の手段」を構築することができれば、従来の、「制度としての戦争」は自然に消滅するだろう。より良い薬が発明されれば、いままでの薬は売れなくなり市場から自然と姿を消すのと同じことである。

元来、戦争を超克するのに、戦争よりも少ない努力で達成しようとするのはあまりにも虫がよすぎる。戦争よりも良い制度も用意しないで、いたずらに戦争反対と叫ぶのは無責任である。

ディズニーランドの外側で

ディズニーランドから脱し、あらたな視点から平和教育のあり方を考えていこうとする動きもはじまっている。まだまだその趣旨は十分に浸透してはいないが、ディベートは、そのなかでもわかりやすい手法である。たとえば「原爆投下は正しかったのか」というような論題をぶつけることで、子供たちは心情面だけではなく、戦略的な思考を働かせて、戦争というものを多面的にとらえることができるだろう。

「どうすれば真珠湾攻撃を回避できただろうか」と問う小学校六年生の授業もあった。判断材料となる多彩な資料を揃え、しかも「日英同盟の破棄を防ぐ」などの考えうる四つの選択肢を提示するというていねいな授業づくりが、六年生にも戦略的な思考に挑戦させることに成功していた。

もちろん、戦争の悲惨さを強調する従来型の教材や授業が忘れられてよいわけではない。ただ指摘しておきたいのは、戦争という人間の業からは、もっともっと多様な教訓が引き出されるはずだということである。イラン・イラク戦争の際、バグダッド上空閉鎖の直前に命がけで日本人を救出してくれたトルコ航空機の英断とその背景などは、死と向きあわざるを得ない極限状態でこそ見えてくる人間としての尊厳や究極の優しさに思いいたらせてくれる。平和な時代に生きるわれわれ一人ひとりの在り方生き方を考えさせる恰好の教材となり得よう。

ディズニーランドの外側にも、子供たちに見せてやりたいあざやかな感動の世界はあるはずなのである。

注

1　現在入手可能なものは左記。なお初版本は一九八四年の刊行。
　広瀬隆『クラウゼヴィッツの暗号文』新潮社、一九九二
2　前掲書二九頁
3　E・バーク（佐藤健志編訳）『フランス革命の省察』PHP研究所、八五頁
4　本書の第4講、第6講、第8講で批判的にとりあげた教育言説群の根底には、おおむね、この「ディズニーランド症候

群」があると言ってもよい。

5 色摩力夫『国際連合という神話』ＰＨＰ研究所、二〇〇一、二〇七頁

第12講　平和憲法は世界にいくつぐらいあるのか
――命名について考える

あの誇り高きフランス人が、北にある島国との間に横たわる海峡をイギリス海峡（英仏海峡）などと呼ぶはずがない。そう思って調べてみた。百科事典サイトには「フランス語でラマンシュ海峡」とある。これは正しくない。マンシュとはそもそも海峡という意味だから。

教科書を調べてみた。大文字でMANCHEとだけ書いてある。なるほど彼の国のまわりで海峡と呼べるのはあそこしかない。だからいちいち固有名詞などつけない。海峡とだけ書いてそれで事足りている。ある意味、豪快である。

その海峡の最狭部をイギリス人はドーバー海峡と呼び、フランス人は、当然のことながらカレー海峡と呼ぶ。その海底を走るトンネルの名称は、両国ともに「海峡トンネル」。地名を冠するのは双方遠慮したようである。

名づけるというのはまったく厄介な仕業で、そこに領土問題や歴史認識などが絡むと、時にして紛争の火種になったり意図せざる洗脳にいたる。学説論争にプロパガンダも参戦して、呼称一つをとってみても錯綜を極めることがある。本講のテーマは、そういう悲喜劇について、である。

愛称によるミスリード

「わが日本国憲法は、世界に誇れる平和憲法である」という物言いをよく耳にする。具体的には前文で謳われた平和主義や第九条をさして、そのように唱えられる。ここで素朴な疑問なのだが、では他国の憲法には、そのような平和条項はないのだろうか。

わが国の憲法学習は、自国の憲法の解釈や問題点については多くを語るのだが、他国のそれについてはいたって冷淡で、教科書にもほとんどとり上げられることはない。だから、ついうっかりとであろうが、「わが日本国憲法こそ世界で唯一の平和憲法である」などという国粋的な発言がとび出したりする。もちろん、そのようなことはない。世界には平和憲法など、いくらでもあるのである。

そもそも何をもって平和憲法とみなすのかはむずかしい問題であるが、ここでは西修の研究をもとに話を進めていこう。西は、「国際紛争の平和的解決」、「侵略戦争の否認」、「国際紛争を解決する手段としての戦争放棄」などの文言を平和条項とみなし、その有無を調べあげた。それによると、表にあるように、「国際紛

表12－1　世界の憲法にみる平和条項（注1の文献をもとに作成）

平和条項の分類	条項数	たとえば…
平和政策の推進（平和を国家目標に設定している国などを含む）	46	北朝鮮
国際協和（国連憲章、世界人権宣言などの遵守を含む）	77	イラク
内政不干渉	26	中国
非同盟政策	9	イラン
（永世）中立	8	カザフスタン
軍縮	4	モザンビーク
（平和的）国際組織への参加ないし国家権力の一部委譲	20	オランダ
国際紛争の平和的解決	29	パキスタン
侵略戦争の否認	14	キューバ
テロ行為の排除	6	アフガニスタン
国際紛争を解決する手段としての戦争放棄	5	イタリア
国際政策を遂行する手段としての戦争放棄	1	フィリピン
外国軍隊の通過禁止・外国軍事基地の非設置	11	カンボジア
核兵器（生物兵器・化学兵器を含む）の禁止・解除	11	パラオ
（自衛以外の）軍隊の不保持	2	コスタリカ
軍隊の行動に対する規制（シビリアンコントロール）	32	韓国
戦争の宣伝（扇動）行為の禁止	13	アメリカ

争の平和的解決」は二九、「侵略戦争の否認」は十四、「国際紛争を解決する手段としての戦争放棄」は五もあり、いずれかを含むものを平和憲法とみなすならば、その数は全体の8割をこえるという[1]。

西の集計は、若干「平和」の条件を緩めすぎている感もなしとはしないが、いずれにせよ、日本国憲法をさして「世界で唯一の平和憲法」と胸をはることは、残念ながらできないのである。ちなみに、もし胸をはる必要がある場合には、「世界最古の憲法」と言えばよい。制定もしくは最後の修正から現在までの日数の長さでは世界一だそうである。

*

閑話休題。考えてみれば西の分析結果は、さほど驚くにはあたらない。少なくとも建前の部分では国家が平和を理念として掲げるのはごく自然なことで、ことさらにそれに反するような言辞を弄するとは考えにくいからである。好戦的なイメージをもつ人も少なくない朝鮮民主主義人民共和国の場合も、憲法前文では、「世界の平和と諸人民間の友好のために精力的に活動」した創建者の偉業をたたえ、その思想をひき継ぐことが期待されている。つまるところ、「平和憲法」とは「めでたい結婚式」と言うのと同じ程度にありきたりな物言いにすぎない。

ここで問題になるのが、日本国憲法の特質を語るにあたって、なぜ「平和憲法」という呼称がここまで盛大に使われるようになったのかという点である。

「交戦権の否定」だろうか。しかし、第九条第二項が第一項の限定下にあるとすれば、侵略戦争はよくないが自衛のためであれば戦うことになり、ある場合は交戦権は認められるという解釈になる。ならば同様の趣旨の憲法は少なくない。たとえばフランスや韓国など。

「軍隊をもたない」ということだろうか、たしかに自衛隊は、行使しうる軍事力は備えているが、建前上、軍隊ではないということになっているし、実際のところ、有事でも戦車は道路交通法の遵守を求められかねないなど、およそ軍隊としては考えられないような厳しい統制下におかれている。したがって、かなり苦しい弁明にはなるが、それは自衛のための実力組織であって軍隊ではないと言いはれなくもない。しかし、軍隊をもたない国ならばほかにもあるので、それをもって日本国憲法を平和憲法だと喧伝するわけにもいかない。逆に、よく知られているように、スイスは中立を守るために強大な軍事力を有しているにもかかわらず平和国家というイメージで語られる。

このように考えてくると、「平和憲法」という名づけの根拠を探すのは、ずいぶんとむずかしい話だということになる。しいて言えば、日本国憲法が平和憲法であるのは、「国民の平和への願いを体現してくれているものだとイメージされている憲法だから」という、いささか散文的すぎる理由づけしかできない。それは、「平和とは何か、どうすれば平和に少しでも近づけるのか」という根本的な論題について、日本が、日本の学校が、真摯に問いかけることをやめてしまっているという空恐ろしい現状の反映にほかならないのだが。

カテゴライズの罠

算数の問題である。

〈問題〉ここにA1が一三人、A2が一二人、B1が五人、B2が七人、Cが〇人いる。さて、合計何人いるか。

答えは二通り考えられる。一つは単純な合計で五七人とするものである。いま一つは「解答不能」という解答である。どういう場合に解答不能となるのか。それは、それぞれのカテゴリーが相互排除的ではなくダブルカウント、トリプルカウントが存在する場合である。つまりある人がA1にもB2にも属しているような場合には合計人数は算出できない。

＊

これは極東国際軍事裁判、いわゆる東京裁判の被告人の数である。A1とはA級戦犯のうち「侵略戦争の共同謀議」、A2とは同じく「侵略戦争の遂行」、B1とはB級戦犯のうち「違反行為の命令、授権、許可による法規違反」、B2とは同じく「違反行為防止責任無視による法規違反」の罪である。東京裁判の場合、ナチスを断罪したニュルンベルク裁判とは異なりC級戦犯すなわち「人道に対する罪」は該当者なしとされた[2]。で、さきの算数にもどるが、現実には被告人の数は二八人（訴追は二五人）である。一人で複数の罪を着せられた被告が多数いることがわかる。だから、A、Bという分類をAランチ、BランチやA席、B席のように序列と考えるのはまったくの見当ちがいである。もっとも責任の重い人のことをさして「彼はA級戦犯だ」などという言いまわしがすっかり定着してしまっているが、その語源となった東京裁判判決のA、Bにはそのような序列的ニュアンスはまったくない。A級だからとくにどうこうというのはまったく無意味な議論なのである。

＊

さらに無意味なことが二つある。一つはよく知られているように、A級とされている「平和に対する罪」は、罪刑法定主義に反する事後法であるという問題点である。罪刑法定主義そのものへの疑念もあるにはあるが、それはここでは措くとして、たとえるなら、今日決めた遅刻のルールでもって、ルールのなかった昨日の「遅刻」を遡及して叱るようなもので、あきらかに正義に反する。こういう無茶を唯々諾々として呑まねばならなかったところに敗戦国の悲哀がある。逆に言えば、勝てば官軍なのである。

いま一つの無意味は、そもそもA級戦犯が何人という議論をすることそれじたいである。なぜなら戦犯はその後の日本政府の措置によってすべて名誉回復されているからである。だからA級戦犯なる人々はいない。いるのは「もとA級戦犯とされた人々」である。

裁判や判決の当否は政治的な立場によって意見の分かれるところであり、軽々には教材化はできないが、たとえば、冒頭の算数問題で興味をもたせ、三つの無意味さについて事実確認したあとで、「にもかかわらず、戦犯問題や合祀問題がときどき思い出したように再燃するのはなぜか」と問いかけてみるのもおもしろいかもしれない。

戦争にともなう加害や被害の事実を学ぶこともちろん大切であるが、戦争にいたる経緯や戦後処理の実態を国際関係の視点から読み解くという学習の場もぜひ用意しておきたいものである。

翻訳の作為

算数のつぎは英語の問題である。

〈問題〉つぎの短文を英訳せよ。

「第二次世界大戦は連合国の勝利に終わり、国際連合が生まれた」

この英訳問題はじつに悩ましい結果をもたらす。参考までに解答例は次のようなものである。

World War II ended in victory for the United Nations, and the United Nations was established.

さきの短文を英訳してみると、「連合国」の英文表記と「国際連合」の英文表記が同じになってしまい、わけのわからない文章ができあがってしまうことがわかる。

そもそもUnited Nationsをどうこねくりまわしても「国際」というニュアンスは出てこない。「連合した国家群」というのが直訳である。にもかかわらずこれを「国際連合」とわざと誤訳したのは外務省の姑息な「政治的配慮」らしい[3]。

わが国の学校では、国連は平和の使者のように扱われるが、国連の由来は、連合国による戦後体制維持のための結社である。だから、連合国すなわち英、米、仏、露、中（現在代替わりはしているが）の五か国のみが安保理で拒否権という理不尽な特権を保持しているし、日本などの「旧敵国」が気に入らない行動に出たときには、面倒な手続きなしに軍事制裁を発動することができるという、いわゆる敵国条項も健在である。参考までに記しておく。

○いわゆる敵国条項（国連憲章第五三条1）

但し、いかなる強制行動も、安全保障理事会の許可がなければ、地域的取極に基づいて又は地域的機関によつてとられてはならない。もつとも、本条2に定める敵国のいずれかに対する措置で第一〇七条に従つて規定されるもの又はこの敵国における侵略政策の再現に備える地域的取極において規定されるものは、関係政府の要請に基づいてこの機構がこの敵国による新たな侵略を防止する責任を負うときまで例外とする。

2　本条1で用いる敵国という語は、第2次世界戦争中にこの憲章のいずれかの署名国の敵国であつた国に適用される。

すでに意味を失っているという弁解もあるが、それでもなぜか削除はされない。

＊

もちろん、このような国連の暗部をあえて授業化する必要はない。国連が平和維持のために一定の役割をはたしているのは事実なのだから。しかし同時に、国連に過剰な期待をもたせるような授業も考えものである。もめ事は国連に任せておけばよいというのでは、自分たちの責任を放擲することに等しいからである。

一括りにするリスク

たとえば十五年戦争とは、満州事変の勃発（昭和六年）からポツダム宣言の受諾（同二〇年）までの足かけ十五年間を一括りにして考えると日本の大陸侵略の構図がよくみえてくるという、鶴見俊輔のアイデアにもとづく呼称であって、いわば一つの解釈である。もめ事の発端ととりあえずの手打ちとのあいだを引き算するとそうなるというだけの話で、十五年間戦闘行為が間断なく続いていたわけではない。日中あるいは日米の全面戦争の回避へむけての外交努力は当然ながらあり、軍事衝突にいたらない「冷戦」状態の期間も含まれている[4]。

したがって、一つの解釈としてフレキシブルにとらえられているぶんには問題はなかったのであるが、この十五年戦争という呼称は、少なくとも学校教育の場では、括るという仕儀の長短についての十分な顧慮を欠いたまま、おそらくはキャッチコピー的な気楽さで浸透していった。

あわてたのが文部省（当時）である。以下は、当時の関係者から直接聞いたことなのだが、「立場を異にする学者の見解を追認はできない、さりとて現場の実情を無視もできない。そこで、十五年戦争を『十五年も続いた戦争』と言い換えることにした」。学習指導要領を作成する立場にあったその高官氏は、少なからず得意げにそう語ったのである。この言い換えの発案者がその当人なのか、あるいは知恵者の官僚なのかは不明だが、結果的にではあれ、この付加された四文字は誤解をむしろ助長した。

現場の教師のなかには、本当に十五年間戦闘が続いていたかのように解釈してしまう人が増えたのである。手元にある小学校六年生の研究授業指導案をみると、単元目標として「十五年もの戦争をした理由や戦時中の人々の思いについて意欲や関心をもって調べることができる」という文言が掲げられている。内容の是非以前に設定としてあきらかに誤りである。このような単元観のもとに授業を組むと、歴史認識上の操作概念である「十五年戦争」というタイトルのもとで、まったくカテゴリーの異なる国民生活の実態という事象を語るということになる。「も続いた」の付加された四文字が、結果的にではあれ、子供の認識を歪めることに加担したのである。

＊

一括りにするというのは、ある意味知的な操作で、それによってある事象が見えやすくなったり、説明しやすくなったりする。粗っぽく例を出せば、「古代」とか「アジア」とかいう表現も括りの一つのかたちである。しかし反面、括られることで見えにくくなるもの、誤解につながるものもある。

詳述は避けるが、「植民地」という用語も扱いのむずかしいものの一つである。イギリスによるインド支配も日本による朝鮮半島支配も一括して「植民地」と呼ぶのは、あらためて考えるとひどく乱暴な話である。ある視点からみれば構造的には同じであるという主張も成立はするが、見知らぬ家に攻め込んだのと「お隣さん」に攻め込んだのでは、その光と影にも大きなちがいが出ないはずはない。黒人をさして「彼らも普通の人間だ」とローマ法王パウロ三世が宣言したのは一五三七年のことだが、日本が大陸から漢字を学びはじめたのは、それより千年も前のことである。

一括りにするという操作と同時に、一括りにしないという熟慮もまた必要になろう。

名づけの悩ましさ

一つの現象でも、裏から見れば、横から見れば、あるいはひっくり返して見れば、異なる解釈が出てくるのは世のつねである。まして、本講でとりあげた例のように、戦争がらみとなると、双方に正義があるのだから、話は格段に厄介になる。恩讐、悔恨、憎悪、自虐などが、その解釈に遠慮なくこびりついてくる。

たとえば十字軍について。

彼らのことはムスリムの間でそれほど知られてなかった。「十字軍」あるいは「十字軍の戦士」という言葉は同時代のムスリムの著作のなかでは知られていない。実際少しのちになってキリスト教徒のアラブ人の著作のなかでそれに該当する言葉がつくられるまで、アラビア語あるいは他のイスラム系の言語にはそれに該当する言葉はなかったようである。同時代のムスリムの観察者にとって十字軍の戦士はフランク人すなわち異教徒にすぎなかった。——好戦的な残忍性とそれがもたらす成功の点でのみ他と区別されるが、イスラム世界を攻撃していた多くの異教徒・野蛮人のなかのさらに別個のグループにすぎなかった[6]。

視座が変われば意味づけも変わるものである。牟田口は、コルドバに後期ウマイヤ朝をうちたてたアブドルラハマン一世を「ヨーロッパを北に押し上げた男」と呼んだが[7]、押し上げられたヨーロッパでは彼の評価はどうなっているのだろうか。逆に、ムスリム勢力をヒブラルタールの南側に追いやったレコンキスタ（国土回復）を、追いやられた方は何と呼んでいるのだろうか。

＊

昭和十六年十二月八日（日本時間）に始まった戦争のことを、当時の史実にこだわる人は大東亜戦争と呼び、事後の解釈（アメリカによる命名）にこだわる人は（アジア）太平洋戦争と呼ぶ。こだわらない人も多いかもしれないが、そもそもこだわることの意味について知らない人の方が、たぶんもっと多い。

戦争呼称もさることながら、こだわらない人があまりにも多くて話題にすらならないのが「平和」の定義である。これほど気楽に語られる言葉も少ないが、たとえば「朝鮮半島の平和的統一」が具体的にどのような実態をさすのか、誰がそれを語っているのかなどを想像してみれば、この二文字の扱いのむずかしさがよくわかる。

「平和を祈る授業」は少なくないが、平和教育の致命的な弱点は、戦争以上に、その「平和」の概念規定が困難を極めることである。

＊

教育の世界には多くの用語がちりばめられている。意図的に用いられている用語や、誤解されたまますっかり根づいてしまった用語も少なくない。だから、教師自身に「言葉へのこだわり」が欠けていたら、そのとき授業は迷走し、意図せざる結果を招く。

とくに「平和＝善、戦争＝悪」というテーゼは、人間性に関する特別な議論の場合を除けば、一般に自明であるとされている。だから授業は、この美しい結論に向かって一直線に突き進み、時にして、十分な言葉の吟味は置きざりにされる。冒頭で述べたように、その間隙に学説論争やプロパガンダが侵入すると、授業は教育の本義を離れた演説会に堕してしまう。ある意味でそれは、「いつか来た道」にほかならない。戦争と平和の授業にはことのほか慎重さが求められるゆえんである。

注

1 西修『世界地図でわかる日本国憲法』講談社、二〇〇八

2 木佐芳男『〈戦争責任〉とは何か』中央公論社、二〇〇一、一〇九頁

3 色摩力夫『国際連合という神話』PHP研究所、二〇〇一、第二章

4 江間史明「十五年戦争史論と近現代史教育―蘆溝橋事件に焦点をあてて―」、『社会認識教育学研究』14号、一九九九

5 イギリスとフランスとのあいだのいわゆる百年戦争（一三三八～一四五三）も同様である。百十五年におよぶもめ事を、キリよくそう呼んでいるにすぎない。ついでながら、黒船来航から昭和二七年の独立までをさして百年戦争と呼ぶこともある。欧米の帝国主義支配の怒濤の中で翻弄されたこの時期を一括りにしてみるという視点は、かなり興味深い。百年騒動と言うべきか。歴史学習の一環として、子供に「〇年騒動」を提案させるという作業はどうだろう。知識を活用させ歴史を大観させる恰好の課題だと思われる。

6 バーナード・ルイス（尾高晋己訳）『ムスリムのヨーロッパ発見』春風社、二〇〇〇、上巻一三頁

7 牟田口義郎『地中海のほとり』朝日新聞社、一九七六、一七三頁

五　学びと生成の教育学

第13講　ケーキを二人で仲良く等分してどこが悪いのか

——理論について考える

いまここに一万円があるとする。これをあなたともう一人（とくに親しい間柄でもない人物）との二人で分けるのだが、どういう配分にするかはあなたに決定権がある。ただし、その配分に対してもう一人の人物が「不満だ」と拒否した場合には、どちらにもお金は渡らず没収となるという条件がついている。さて、あなたは、一万円をどんなふうに配分するか。

これは行動経済学の趣旨を説明する時によく用いられる「最終提案ゲーム」である。私も大学で試みてみたが、やはり予想通り五千円ずつという配分がいちばん多かった。ほぼ半々に分けるという傾向は「金額や国籍や文化に関係なくつねに変わらない」[1]らしいが、この「最終提案ゲーム」の場合、より重要なのは、「金額や国籍や文化に関係なく」ほとんどの被験者が「正解」にはいたらないということである。

なぜか。それはこの問題が難解であるとか、ひっかけがあるということではない。じつは「正解がまちがっている」からなのである。

知識と情報

知識をめぐっては、さまざまな物言いがある。「知識のつめ込み」「知識の丸暗記」「知識を仕入れる」「知識人」「知識を生かす」「知識をひけらかす」などなど。

ところで、右の六つの例示のうち前三者と後三者とではじつは意味あいが異なっている。なかなか気づかれないことであるが、前三者の場合、つめ込んだり仕入れたりするわけであるから、知識は人の外側にあることになる。後三者の場合は、生かしたりひけらかしたりする、つまり知識を外に出すわけだから、知識はもともと人の内側にあることになる。

知識は人の内側にあるのだろうか、それとも外側にあるのだろうか。正確に言いなおせば、人の外側にあるものと内側にあるもののうち、どちらを知識と呼ぶのが正しいのだろうか。

外も内も同じだとしてしまえば簡単なのだが、その解釈にはかなり無理がある。たとえば、「トルコ第一の都市はイスタンブールである」という同じ説明でも、人によってその説明はさまざまに内化される。イスタンブールに行ったことのある人は、ガラタ橋のたもとの船着き場の喧噪を連想するかもしれないし、アガサ・クリスティのファンは『オリエント急行殺人事件』を想起するかもしれない。首都が人口第一位の都市でないのはアメリカ合衆国と同じだということに気づく人もおれば、先日食べたトルコ料理を思い出す人もいるかもしれない。

要は、聞いた人のさまざまな経験がそこに否応なくまとわりついてくるから、外側にあるものが一つでも、その内化のされ方は十人十色なのである。いや経験の有無だけではない。トルコに対するあこがれや知的興味のあるなしでも、内化のされ方は異なってくる。さっと聞き流されて何の痕跡も心に残さない場合だってあるだろう。

世間話のレベルならともかく、教育についていささかでも考えようとする時には、内側にあるものと外側にあるものを同じ呼称で括ってしまうなどというのはあまりにも大胆で無節操なことである。「教師の与えた内容は決してそっくりそのまま子どもに受け入れられることはない。教師はつねに自己の与えようとしたものでないものを子どもに与えている」[2]との覚悟が、まずは必要なのである。

＊

ここでは佐藤学のアイデアを借りて、子供の外側にあるものを「情報」、内側にあるものを「知識」とあえて言い分けて考えてみよう。

ミカンを食べても体の一部がミカンになるわけではないのと同様、情報がそのまま知識になるわけではない。情報は価値付け、取捨選択、意味づけ、連想などのフィルターを経て、その子なりの知識となる。情報が内化されて知識となるその過程に介在する要素群を、ここでは仮に「解釈フィルター」と名づけておこう。

一方、その子なりの知識は、死蔵される場合もあるが、機会を得て問題解決のために「生かして働かされる」こともある。正確に言えば、外に出て生きて働いてはじめて、内側に知識が存在したのだということが後追い的に確認される。この場合も、しかし、知識がそのまま外側に出て行くわけではない。単純な記憶再生型テスト問題に回答するときのように知識がそのまま出て行く場合もあれば、複雑な交渉ごとのように、いくつかの知識がくみあわされて働く場合もある。知識と知識の結合があらたな知識を生むというケースもあるだろう。ここではそれらのプロセスに介在する要素群を仮に「活用エンジン」と呼んでおこう。

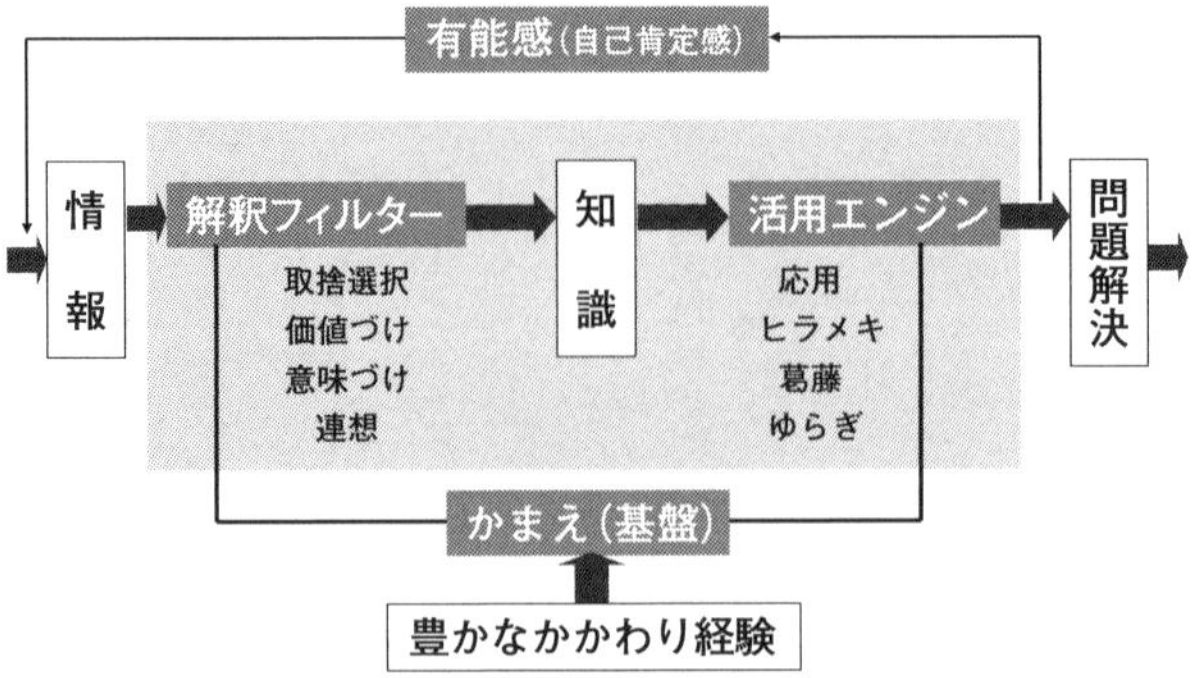

図13－1　生きる力

手持ちの知識が問題解決に有効に働けば、それは確実に有能感そして自己肯定感につながっていく。有能感や自己肯定感が意識されたら、人はますます多くの情報を集め知識欲を満たしていくだろう。その過程で、「解釈フィルター」も「活用エンジン」もさらに活性化してくるだろう。この生産的な循環サイクルのことを「生きる力」と呼ぶこともできるかもしれない。

以上は、ネーミングや図示の方法を除けば、とりたてて目新しい内容の話でもない。

再現可能性への憧憬

問題は二つある。

一つは、知識と情報というこの単純きわまりない使い分けが授業研究の世界ではほとんど無視されてきたということである。たとえば「イスタンブールはトルコ第一の都市である」という情報のことを事実的知識と呼び「イスタンブールが栄えたのは交通の要衝だったからである」という情報のことを説明的知識と呼んで、このような情報の階層性のことを「知識の構造」だと仮構してその精緻化をめざす研究手法がある。それは、外側の情報を構造化し教授すれば人の内側の認識も同様に構造化されるはずであるというかにも楽観的な予定調和論である。もちろんその背景に「知識＝情報」という大前提があるのは言うまでもない。

いま一つは、よい知識さえ身につけさせておけばそれでよしとするかのような言説が授業研究の世界では一般的であったということである。学校教育の世界でしばしば語られる「生きて働く知識を身につけさせる」という表現が端的にそれをあらわしている。先述したように、「生きて働く知識」なるものがあるとして、それが身についたかどうかは、知識が実際に生きて働いたかどうかで確認するしか術はない。単純に言えばテストで確かめるしか術はない。ここにあるのは、問題解決など外側に出てきたものが、最初に設定した「知識＝情報」の素直な反映であるはずだという予定調和論である。近年になってようやく「活用力を身につけさせる」という声が上がりはじめたが、これまでのじつに長いあいだ、知識論は、その使われ方には無関心であり続けてきたのである。

「知識の構造論」や「生きて働く知識論」に象徴されるような、従前の授業研究のなかば常識となっていた前提は、縮めて言えば、図で言うところの「解釈フィルター」や「活用エンジン」の存在を黙殺するところから発してきたものである。さらに言えば、その背景にある「かまえ」や「かかわり経験」の存在を無視した議論が、授業研究の世界で大手をふってまかり通っていたということである。

では、なぜこれらは黙殺されてきたのか。

＊

その子なりの多様な成功体験や挫折体験などの経験にもとづく思考や判断は、いわば子供一人ひとりの学びのかまえそのものであり、それは、安直に言ってしまえば人生経験的な要素に左右されるものである。それはまた学校の枠をこえて大いなる偶然性のもとに育まれていくものであり、特定の誰かが系統的に指導しうるという性質のものでもない。

従前の理論的な授業研究の多くが「基盤」を視野の外に置いたのも、したがって当然の帰結ではある。科学的分析の俎上にのらないようなもの、再現可能性や反証可能性に耐えられないもの、チャイムとチャイムのあいだ以外に生起する諸々はあらかじめ排除しておかないと、それこそ研究の〈基盤〉が危うくなるからである。

*

その意味で興味深かったのは、「総合的な学習の時間」が導入された時にみられた醜悪な混乱である。この新しい教育課程は、教育を学校や教師の独占から解放し、学校での学びをそれ以外の多様な学びと接合させることによって、学校知（学校の学びを通じて情報を知識化すること）と生活知（生活を通じて情報を知識化すること）の両方を活性化させようとするものであった。なぜそれが必要であったか。それは、いくら精選された情報を与えても、「解釈フィルター」や「活用エンジン」が機能不全を起こしてしまったら、有効な問題解決にはいたらないだろうとの認識があったからである。

かかわり経験の活性化は学校の内と外の共同作業である。いやむしろ学校の外においてより豊かなそれが提供されてくる可能性が大きい。だから「学習」は週六日のまま「学校」をのみ週五日制にして残りの一日を学校外での多彩な経験のために提供したのである。その一日と残りの五日間を接合するものが「総合的な学習の時間」だった。だからこそ、週三時間の「時間」があらたに加わったにもかかわらず総授業時数が減るというアクロバティックな改訂は可能だったのである。

しかし、この新しい教育課程に正対しようとする努力は、それほど多くはなかった。実践研究と言えば、図の左側か右側、つまり「入口」（教材研究、授業研究）と「出口」（授業評価、学習者評価）に集中していて、「基盤」の豊潤化などという部分に関心が向けられることは少なかった。「知の総合化」という理念は目にもとまらぬ早わざで「知識の総合化」へと衣替えさせられ、「総合的な学習の時間」は、結局、英語活動や環境保護運動などに矮小化された。その実践研究の多くは、当然のように、従来型の図の左側（入口）と右側（出口）のなじみ深い分析研究に回収され、「解釈フィルター」「活用エンジン」の活性化という本来めざされたはずの目的は、ほとんど研究の視野には入らなかった。

＊

授業研究の世界では、「このおいしい水」ではなく、それはH_2Oでなければならなかった。「制度化された学校では、知識を脱文脈化し、中立化し非人格化して情報へと変容させることによって、その効率的な伝達と一元的な評価を可能にしている」[3]のである。

しかし、事象を中立化、非人格化しておいて、はたしてそれが実践にかかわる理論研究として十全なものとなりうるのか、もしそれが宿命だとするならば、理論と実践にはどのような関係が可能なのであろうか……、疑問はかぎりなく続く。

理論の宿命と実践の限界

冒頭の「最終提案ゲーム」の「正解」は、自分が九九九九円を取り、相手には一円を渡すというものである。

およそ一般の常識とはかけはなれている。しかし、標準的経済学ではこれが「正解」になるのである。なぜか。

標準的経済学が前提としている「（合理的）経済人」とは、「認知や判断に関して完全に合理的であって意志は固く、しかももっぱら自分の物質的利益のみを追求する人」[4]である。「経済人」はこう考える。「たとえ一円であっても、それを拒否すればまったくお金をもらえないのであるから、拒否するのは合理的行動とは言えない。したがって相手が拒否するなどということは理論上ありえないので、自分は堂々と九九九九円を取ればよい」。一万円がケーキであろうが餃子であろうが話は変わらない。没収条件のもとでは相手には最低限の分け前を出せばよいというのが標準的経済学の教えるところである。

さきの問題に対する「正解者」が皆無に等しいということは、そんなモデルどおりの「経済人」などこの世にはまずいないということを意味する。

行動経済学は、「経済人」を前提とする従前の夢のような経済学に異議をとなえ、人間を限定合理性のもとにとらえ、その非合理的行動の基本的パターンをできるだけ論理的に解釈してみようとする学問で、主唱者の心理学者ダニエル・カーネマンはその功績により二〇〇二年、ノーベル経済学賞を受賞した。

＊

牽強付会との誹りを覚悟で書くのだが、これまでの理論的な授業研究の多くは、まさに「合理的学習人」を前提として行われてきたのではなかったか？　構造化された情報を系統的に教授し、無知や誤解、迷妄をはぎ取ってやりさえすれば、知識は構造化され、人間は誰しも事象を合理的に説明できるようになり、論理的に思考し合理的に意思決定できるようになるはず（べき）であるという前提を、あまりにも無邪気にすえていたのではなかったか？

もちろん、だから授業実践にかかわる理論研究など無意味だというわけではない。ここで再確認しておきたいのはつぎの四点である。

①理論は論理の整合性を身上とする以上、「合理的学習人」を対象ないし目標として措定せざるを得ない。
　これはすでに述べた通りである。大いなる偶然性などがそこに混入してはならないのである。しかし、

②生きることそのものともいえる「基盤」は、経済行動とは異なりあまりにも複雑怪奇である。
　経済行動の場合は、その限定合理性ないし非合理性を合理的に説明することは可能かもしれないが、人間形成のプロセスの解明にあたっては行動経済学のような援軍を期待することはできない。したがって、

③理論と銘打つ以上、それは「基盤」を排除したもの、つまり再現可能性、反証可能性を前提とした部分に今後とも射程を限定せざるをえない。

④だとするならば、理論はつねに人間生成の現実の一部をしか語ることはできないということを堂々と認めざるを得ないであろう。

＊

一方の実践もまた同様に宿痾を抱え込んでいる。実践は逆に「基盤」を無視してかかることは困難である。最終提案ゲームで言えば、相手が初恋の人に似た異性であれば配分は多めになるだろうし、先日噛みついてきた犬に似た面相の持ち主なら当然その配分は減るだろう。半々に分けるというのは正解ではなく最頻値にすぎない。つまり、理論という光線を歪めてしまう重力場のようなものを実践の世界は排除できない。だから、固有の環境

や固有の名詞を捨象した「子どもの顔の見えない」一般論など、実践研究の名にはあたいしない。子どもの事実に執着せざるを得ない実践は、しょせん一回性、固有性の世界を脱することはできず、(昨今注目の表現で言えば)状況論的にしか語れないものだということを、こちらも堂々と認めざるを得ないであろう。

かくして、理論と実践は、たがいに疑心暗鬼を隠せない。実践者は研究者の思考の抽象性を難じ、研究者は実践者の経験主義的誤謬を嘆き続けることになる。原理的に考えるかぎり、このようなすれ違いは不可避である。実践の側が理論に安直に追従したり、あるいは一種のルサンチマンだろうか、子供の歩みを素直に記載すればよいはずの研究紀要に、ことさらに難解な概念用語らしいものを散りばめて理論を装うという歪んだ実態もなくはない。また理論の側が地域や学校の個性を無視して硬直的な分析手法やその評価を押しつけたりする場合も、不幸ながらある。リアリティを欠いたそのような「研究劇場」が横行しているとするならば、教育学は二流、三流の学問だという辛辣な指摘[5]が出てくるのもゆえなきことではあるまい。

双方にとってそれはけっして有益なことではない。

*

理論づくりを地図づくりに、実践を登山にたとえよう。地図も見ずにやみくもに歩きまわってみても疲れるだけである。頂上にたどりつけないばかりか。時には生命にもかかわる。しかし地図さえあればいつも安全に登山ができるわけでもない。体調不良もあろうし、水場が涸れていることもある。何よりも天候が急変すれば計画を断念する勇気も必要である。登山家には地図を参照しつつ主体的に判断することが求められ、一方、地図制作者には登山者の視点を加味した正確な地図づくりが要求される。

実践は理論という座標軸を参照することで、理論は実践という触媒を得ることで、それぞれのすべてではないにせよ、ある部分を確実により説得的に語ることができるようになるだろう。だから、両者はまったく別世界の物語であってよいというわけではない。両者はどこかで交錯する。のぞましいのは、それぞれがみずからの機能と限界を悟り、おたがいに相手の成果を横目でにらみながら、自省や深化に有効な知見があればしっかりと拝借してすまし顔でいるという大人の関係、すなわち「互酬的対立」「対抗的共存」あたりだろう。

＊

「理論と実践の融合」など没論理以外の何ものでもない。地図制作者が登山家であるわけではないし、登山家がよき地図制作者であるわけでもない。そもそもめでたく融合が実現したとして、そこにあるものをいったい何と呼べばよいのだろうか。「理論と実践の融合」などという虚飾をもてあそび、両者の抜き差しならぬ関係性と真摯に向きあおうとしないのはあきらかな知的怠惰である。教育の世界に乱舞する美しすぎる言葉たちの典型がここにある。

理論と実践、情報と知識、教育と授業、そして生きることと学ぶこと……、これらの関係性に対して、いま一度、やわらかな視線を投じてみなければなるまい。小手先の教材開発など、いくらくり返しても教育の未来は語れないであろう。

注

1 マッテオ・モッテルリーニ（泉典子訳）『経済は感情で動く』紀伊国屋書店、二〇〇八、二三一頁

2 上田薫『人間形成の論理』黎明書房、一九九二、一〇二頁

3 佐藤学『学びの快楽』世織書房、一九九九、六四頁

4 友野典男『行動経済学』光文社、二〇〇六、一四頁

5 宇佐美寛『授業研究の病理』東信堂、二〇〇五、五頁
　なお、ここで言う教育学とは、正確には実践的な教育学ないしは教育実践学とすべきであろう。

第14講　セーラー服の時代はもう終わったのか
――教育について考える

先年、四国のＴ県で、セーラー服を着て車を運転していた中年男が警察につかまった。職質を受けてあわてて逃げ出し、たしか公務執行妨害か道交法違反かでつかまったと記憶している。そのいでたちが罪に問われたわけでは、もちろんない。

なぜ逃げたのだろう。恥ずかしかったのか？　それなら最初から運転などしなければよかったのに……。不可解にして愉快な事件であった。

セーラー服は、基本的には、女子生徒（児童）の清純さを連想させるものとして、そして近年は、時にそれとは正反対のイメージを連想させるものとして語られている。少々オシャレな表現をするならば、セーラー服はシニフィアン（記号表現）であり、たとえば清純というイメージはシニフィエ（記号内容）ということになる。両者の関係をうんぬんする学問を記号論という。くだんの中年男にとって、セーラー服のシニフィエは、いったいどちらだったのだろうか。

さて、本講は記号論談義でも当世風俗譚でもない。以下は、セーラー服が表象する第三のシニフィエをさぐる旅である。

一八六㎞の旅

ここで例話として紹介するのは、高知県檮原町立四万川小学校（平成二三年春閉校）の六年生全員八人が、高知市から愛媛県長浜町までの一八六㎞を歩いたという一風変わった体験の物語である。

一風変わったというのはほかでもない。まず、集団訓練のための歩行にしては長すぎる。一八六㎞といえば東京から静岡市までの距離に相当する。また、学校が出発点でもゴールでもないというそのルーティングも不可解である。子供たちはバスで高知市まで行き、旅をスタートさせ、学校の前を通過して（！）県境を越え、長浜町のゴールにたどりついたのである。

高知市上町から檮原町を経て愛媛県長浜町にいたるこのルートは、幕末に坂本龍馬が大志を抱いて三日で駆け抜けたと言われている「脱藩の道」である。一時の龍馬ブームもあって世に知られるようになったが、子供たちが歩いたのは、そのようなブームにのってのことではない。子供たちが高知市上町を出発したのは、まだこの道の存在すら知る人の少なかった平成十六年八月二七日金曜日の朝であった。

＊

子供たちにとってこの道を歩くことは、土佐の大先輩にして幕末の英雄である龍馬と、まだひ弱な小学生である自己を、ある意味同一化するためのまたとないチャンスであった。「龍馬のように強くなりたい」が子供たちの当初のねがいであった。教師からも親からも断念するよう説得されるのだが、先輩が前年にルートの一部を完歩したという実績をささえに、村内清掃や廃品回収などの「アルバイト」で資金を調達し、反対者を次々と説得して旅を実現させた。

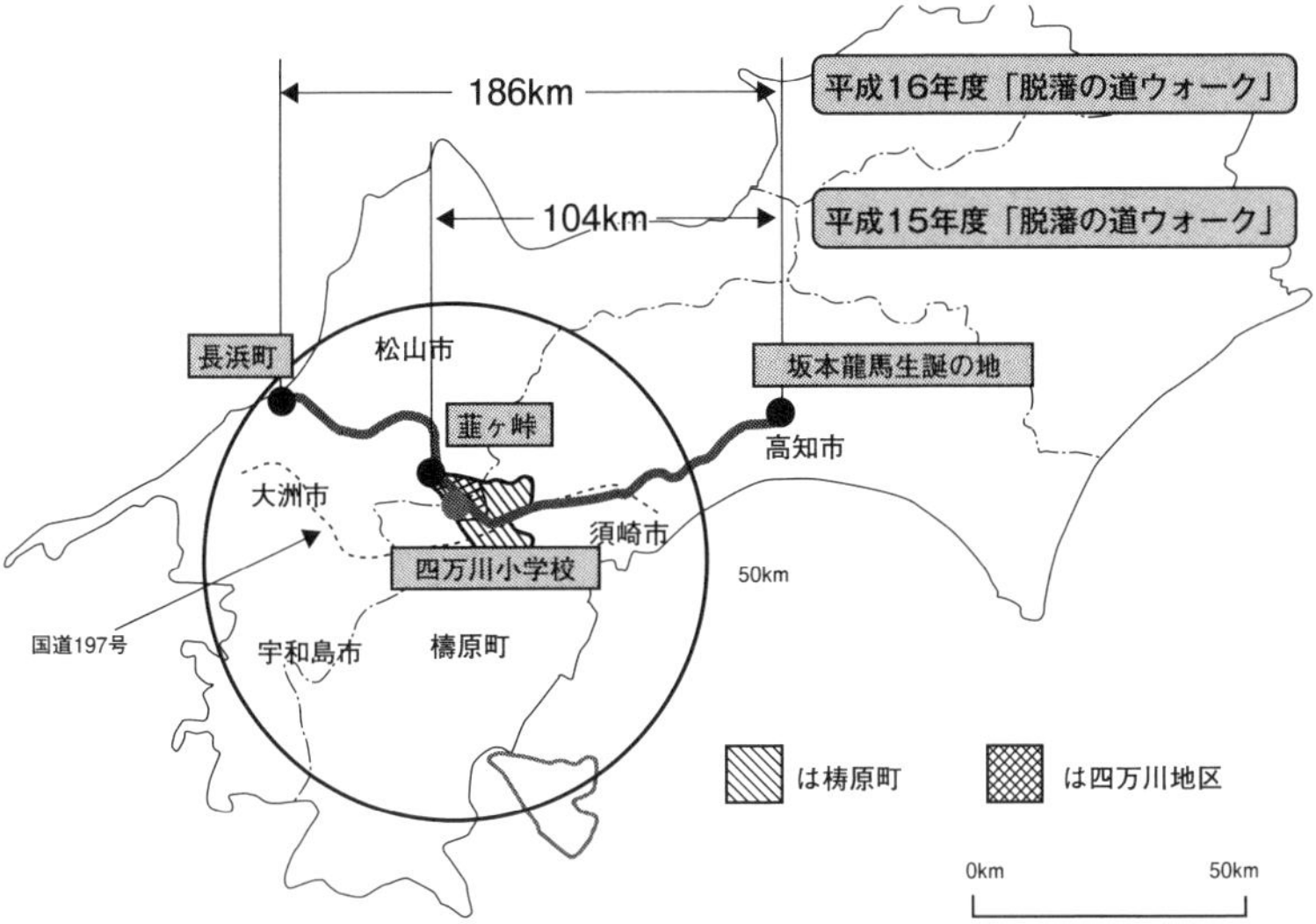

図14－1　坂本龍馬脱藩の道

一八六kmを一気には踏破できない。二泊三日、一泊二日の三部に分けての旅であった。教師全員はもちろんのこと、地元の多くの人々、家族、先輩が子供たちの「脱藩」をささえた。一日目は教育長が一緒に歩いてくれたし、二日目には、意気に感じた地元のおばさんから差し入れをうけた。専門家から龍馬の足跡についての講義も聴いた。第二部以降は保護者がつくってくれた羽織袴を身につけ、脱藩の幟を手にして歩いた。四日目には町役場の前で町長の歓迎を受けた。三七kmを歩いたこの日は宿舎につく前に日が暮れた。家族や村人の涙声まじりの応援を背に、懐かしい自宅や母校の前を黙々と通過し、伴走車のヘッドライトだけをたよりにさらに山奥へと分け入った。七日目には、子供たちにとっては異境の地である愛媛で、見知らぬおばあさんから励まされミカンをいただいた。最終日ゴールには保護者や村人が待ちかまえ、爆竹をたいて完歩を祝ってくれた。そのあと子供たちは、保護者の車で龍馬そのままに京都に向かった。

困難も多かった。八日のうち大半は天候に恵まれず、土砂降りの山道を行くことも少なくなかったし、付添の教師が腰を痛めてしまうアクシデントもあった。二日目には台風も接近した。疲れはてほとんど口もきかずに山道をひたすら歩くということもあった。一方で、ガマの穂を引き抜いて遊び、川に入り大きな川ガニを捕まえ、瀕死の小鳥を手で温めてやりその葬式をしてやり、峠道のわき水に喚声をあげ、夜にはその日のふり返りを交換しあうミーティングを欠かさないなど、子供らしい多くの学びもあった。

これらのほぼ一部始終は、同行した原田三朗（現：豊橋市立小学校教諭）によってＤＶＤ九枚に記録されている。

＊

子供たちは何を学んだのだろうか。強くなりたいという当初のねがいはどうなったのだろうか。長浜町のゴールで語られた子供のことばと校長の謝辞を以下に紹介しよう（原文のまま）。

昨日一日歩いて、今までだったら最初の一日っていったら、反省ばっかりだったんだけど、昨日一日は、一人のおばあちゃんに会って、そのおばあちゃんは、私のおばあちゃんと同じ歳で、わざわざ自転車に乗って私たちのところまできて差し入れをしてくれました。それを見て、私のおばあちゃんは野菜とかをくれるけど、私はいつもあたり前に感じて、ありがとうって最近は思えなくなってきたんだけど、そのおばあちゃんをみて、自分がちょっと嫌になって、自分の心の壁をこわしてまた新しく、今ならおばあちゃんにありがとうって言えるって自信がつきました。その日のミーティングで、みんなそのおばあちゃんのことはうれしかったと言って、それで、みんなが心の貯金ができて、その日は成長できました。

この旅はいい経験になったので、もう六年生最後で、一緒にこんなこともできないし、中学校になるとちがう活動もはじまって、この仲間とも別れてしまうかもしれないけれど、残りの時間をみんなで楽しんで、一年間を最高にしていきたいと思います。ありがとうございました。（廣瀬南）

あの、こんな素晴らしい子供たちの言葉のあと、それから熊岡先生のあとに私が言うことは何があるんだろうかと心の中で思っていました。最初行きたいと言ったときに、そんなことできるわけがない、やめちょきと思いました。でも、今日みんなが歩いて誰もリタイアしませんでした。それだけでもすばらしいことですが、子供たちの言葉を聞くと、もっともっと人間的にもすばらしくなってくれたように思います。私は何もすることはありませんでしたが、こんな八人の子供たちと救護車とか熊岡はじめみんなでやりました。そういう仲間の先生と、それから、今年助けていただいた鳴門教育大学のみなさん、ありがとうございました。

最後にもっともっとお礼を言いたいのは保護者の方です。私たち学校が、あるいは、子供がこんなことをしたいと言っても、それだけでは、絶対にここまで歩ききることはできませんでした。こんなたくさんの保護者の人が応援をしてくれたから歩くことができました。私は最後、大洲から歩いたのですが、内心こんなに歩くつもりはありませんでした。途中で車に乗ろうと思ってスタートしました。だけど、子供たちと歩いていると、もう歩きたいとか歩かなくてはならないとか、絶対もう途中から車に乗られんと思いました。こんなすばらしい子供になりました。

あと四か月ちょっとで卒業させるには惜しいですけど、今日が終わりじゃないと思います。今までは八人で歩いてきたと思いますが、これからは一人ひとりが新しい道を歩くための準備の四か月だと思います。だからもっともっと大きくはばたいてください。みなさん、ありがとうございました。（山崎鈴子校長）

生きることと学ぶこと

教える―学ぶという関係を教育関係という。学校で教師が子供たちに国語を教える……というのが、もっともわかりやすい例である。ではこの脱落の物語では、誰がいつどこで誰に何を教えたのだろうか。こういう観点から物語をふり返ってみると、じつに多様な教育関係が錯綜していることがわかる。役者のくみあわせだけでも多様である。教師、子供、親（保護者）、地域の人々、家族、先輩、通りすがりのおばあちゃんなどが、それぞれ教え役になり学び役になっている。

では、その教育関係が発生したのはいつか。これは旅のすべての時間においてというほかはない。チャイムがなったら勉強がはじまるというしかけではない。朝から晩まで子供たちは何かを学んでいたと言える。歴史の知識もあれば、対人関係のむずかしさもある。地図の扱い方、あいさつのしかた、動物の捕まえ方、そして何よりも苦難に立ちむかうことの意味などなど。その学びは時を選ばず、したがって場所を選ばない。県境の森のなかで学んだかもしれない、河原で学んだかもしれない。極端に言えば、死んでしまった小鳥もその教育関係の輪のなかにいる。小鳥は学ばなかったが子供は小鳥から「死ぬということ」の意味をいかほどか学べたかもしれない。

＊

これに対して「教育」と言われてわれわれが普通に想像するものというのは、学校という場所的に限定されたところで、そして小学校ならば六歳から十二歳まで、月曜日から金曜日まで、八時半から五時までというような時間的な限定のもとで、教える側の教師が教わる側の子供に対して主として教科内容を教えていくという、非常に限定された教育関係である。

現在ではこのイメージは当然かもしれないが、人間の長い歴史というスパンでみた場合、このように限定された教育関係というのはむしろ珍しいものだった。子供が地域社会のなかで人生のあれこれを自然に学んでいくという時代の方がはるかに長かったのである。

では、教育関係が現在のようにいびつなかたちにおし込められ、本来は分離され得ないはずの「生きることと学ぶこと」が「分離」してきたのはいつごろのことなのか。言い換えると、学校という特別な施設に子供を囲い込んで、教室という奇妙な空間で、教師という特別な人が、教科書という特別な道具を使って、教科学習という大人がふだんやらないようなこと、特別なことを学ばせるしくみが常識となってきたのはいつごろのことなのか。

わが国で言えば、それは明治期である。近代国家は、整備された統治組織と独立を維持するための軍隊とそして一つの国家のもとにつどう国民の存在を必要とした。その国民を創出するために、学校教育という近代公教育がスタートする。すなわち学校は軍隊と同じ使命のもとに編み出されてきた近代化のための装置であったのである。

だから、両者には共通点が多い。学校の「学」は「まなぶ」の意だが「校」は「木」を交差させたもの、わかりやすく言えば十字架のようなはりつけの道具を意味する。さらに転じてそれは兵舎を意味することもある。廊下の片方に教室がならぶという学校の校舎の標準的なスタイルはまさしく兵舎をモデルとしたものであったし、女子のセーラー服は水兵の制服、男子の詰め襟は職階の高い軍人のそれ、運動会は軍事訓練の変形である。

それも当然のことであった。近代の荒波に船出していくには、学校という強制の場に子供たちを集め、一定の到達目標を掲げて「国民」を育成していくことは避けて通れない道であった。

「教え子を二度と戦場に送るな」とは、教員組合の有名なキャッチフレーズであるが、じつは学校という装置そのものが、まぎれもなく戦場仕様の空間だったのである。

近代という物語

近代とは何か。雑ぱくに言えば、合理性、効率性、生産性、論理性などをよしとする時代である。その代表である近代科学は、徹底的な要素還元をくり返し、壮大な分類表をつくりデジタル全盛の現代を生んだ。近代工業は、伝統工業にみられるような親方と徒弟のようなのどかな教育関係を許しはしなかった。より生産性を高めるため、作業行程は分析され分業化、機械化、規格化、大量生産がめざされ、その結果としてともかくも豊かな社会は到来した。

近代教育学ももちろん同じ穴のムジナである。高橋勝の指摘を引いておこう[1]。（注記の原語は省略）

近代の学問がすべてそうであるように、とりわけ、子どもをどう指導するかというギリシャ語に起源を有する教育学は歴史的に進歩、発展、開発、発達という開発の物語の文脈で構成され、発展してきた。そこでは、生産活動に従事する親たちの代理者としての教師が、未熟な子どもを将来の生産者としての自立に向けて教育し、その能力を開発していくことが、期待される。

したがって、近代教育と近代工業はほとんどアナロジーが可能である。子供は原料である。学校は工場である。営業戦略はさしずめ中央教育審議会あたりの答申、それをもう少し具体的にして示した生産計画にあたるものが学習指導要領である。さらに細かく言うと、指導案や教授書は工場の作業工程に相当する。教科や学年に分けて子供を扱うのは分業の発想、一斉授業は大量生産のためのノウハウにほかならず、正解主義は規格化のそれにほかならない。テストすなわち成績評価は品質管理のための検査であり、その検査で合格した付加価値の高い製品、つまり「よい子」が社会に出荷される……。

＊

教育研究も同様であった。教材開発、授業開発という字面はともかく、どういう授業を構成すれば限られた時間でうまく目標に到達させられるかを考えるのは、まぎれもなく開発パラダイムであった。チャイムなどとは関係なしに、できたところまででいいじゃないか、などというのは許されない。この単元でこういう教材を提示すれば、この概念をより正確に理解させることができるにちがいない、その理解度を確認するにはこのような評価問題が適切で……、云々。

教師をとりまく環境もまた同様であった。教員養成や研修を通じて、より生産性の高い大人製造工場の完璧なロボットとなるように教師はしたてあげられてきたのである。こういう養成カリキュラムに従って学習させれば省察力をもった優秀な教師が育ち優秀な教師が育てば優秀な子供が育ち、優秀な大人が増えれば世の中はよくなるはずだ……、云々。

教育実践研究はしばしば「授業」実践研究に置き換えられ、教育研究会と称する催事はじつのところ「授業」研究会にほかならず、教育実習は多くの場合「授業」実習に矮小化された。教育という茫漠とした世界に首をつっこむのはやめて、手っ取り早く因果関係を説明できそうな「授業」に視野を限定し、授業について語ることで教育について語ったことにしておこうという発想も、まぎれもなく近代のパラダイムと通底している。

*

近代国家、軍隊と学校、近代科学、近代工業は、たがいに影響しあいながらそれぞれの発展の道をたどってきた。それは、合理、分析、規格、統制などをキーワードとする壮大な歴史絵巻とも言える現象であった。詰め襟学生服そしてセーラー服は、まさしく、その「近代」なるもののシニフィアンだったのである。

学校はどこへ行くのか

しかし教育とはこれだけか、近代の外側に何かあるのではないか……と問いかけたのが「脱藩」の物語である。ふたたび高橋勝の指摘を引く（原語の注記は省略）。

（自己形成とは…引用者挿入）単に生産を担う力を獲得するということだけではないはずである。多様な他者とかかわりあい、熟達者の振る舞いを模倣し、老人の知恵を学び、人間の有限性を自覚し、異界とのつながりをも感じ取る、そうした多元的で重層的な関係を編み上げていくことなのではないか。学ぶとは知識を伝達される過程である以前に、まず模倣行為であり、状況に参加していく行為であったのではないか[2]。

自己形成とは予め「自己」なるものが実態として内にあって、それが「開発されていく」のではなく、他者との多様な出会いの中で、古い自己を解体させ、新しい自己を再生させていく（＝織り上げていく）投機的行為として理解することができる[3]。

子供たちは、旅の途上で、多様な場所に身をさらし多様な他者と出会い自己を織り上げていった。子供たちの手の中で死んでしまった小鳥も、異界へのいざないの役割をはたしたのだろう。

＊

いわゆる授業研究は、再現可能性を軸としてよりよい教材、指示・発問、内容構成などを追求していこうとするものである。しかし「脱藩」は、そもそも再現可能性の有無という議論のらち外にある。都合よく台風は来ないし小鳥が死んだりしない。同行した教師がぎっくり腰になり、さらしを巻いて這うようにして子供たちのあとをついていくなどということはまったく想定外のことである。すべてのことが一回性である。「一回だけこれっきり」ということはすばらしいことなのだという発想に立たなければ「脱藩」の意義は読み解けない。近代教育学に縛られているかぎり読み解けない。だから「脱藩」は気安く実践と呼んでよいものではない。あえて言えば、それは実践ではなく「物語」なのである。

教育というのは本来再現可能性などなくてもよいのではないか。子供を学校という教育空間に囲い込み、必ず再現できる事どもだけを与えていくというのは、むしろ貧しい発想ではないのか。このように考えるとき、「脱藩」は、ある意味、近代なるものへの壮大な挑戦の物語であったとも言えるのである。

＊

巨大教育独占権力として君臨してきた学校にも、脱近代の流れは容赦なく襲いかかっている。もはや学校は「多様に広がる子どもの自己形成空間のほんの一場面に過ぎなくなっている」[4]。いじめや不登校などのいわゆる教育問題のそれぞれにはそれぞれの背景はあろうが、巨視的にみた場合、教育問題なるものは、近代の装置としての学校と眼前の子供が生きる「現代」とのミスマッチが、もはや限界に達していることの現れである。

こじつけて考えれば、詰め襟学生服やセーラー服が昨今あいついでブレザーにとって替わられつつあるのは、「学校＝軍隊＝近代」という意識下の連想ゲームがすでに破綻していることの象徴なのかもしれない。

「市村自然塾」（佐賀県鳥栖市、神奈川県足柄上郡）や「森のようちえん」（鳥取県智頭町）のように、従来の学校教育の概念を崩すあらたな学びの場も生まれつつある。もちろん、だからといって学校をなくせという短絡的な発想は無意味である。全国で「脱藩」をやるべしなどという提案は完全に論理破綻をきたしている。待たれるのは、このような時代環境に対応したあらたな学びのかたちの創出である。

学校はそのレゾンデートルを求める旅のスタートラインに、いま立たされている。人類史の中の二一世紀のはじめ、そして、わが国で学校教育、近代公教育がはじまって百三十年あまり。セーラー服の時代が終わろうとしているいま、学校はどこへ行くのだろうか。

注

1　高橋勝「人間形成における『関係』の解読」、高橋勝・広瀬俊雄共編著『教育関係論の現在』川島書店、二〇〇四、五頁
2　前掲、八頁
3　高橋勝『文化変容のなかの子ども』東信堂、二〇〇二年、四〇頁
4　前掲、四七頁

ささやかな伝言

確実に答の決まっていることを、その答をほぼ確実に知らない年少者を相手に、さまざまな技法を駆使して教えわからせるといういとなみを主たるなりわいとして、教師はこれまでその存在をそれなりに社会的に認められてきた。もちろんその基本的な構図に今も変わりはないし、そのいとなみの意義があえて問いただされているというわけでもない。文化遺産の伝達は、今後も教育の枢要な使命であり続けるにちがいないのである。

しかしこれまでみてきたように、現代の諸課題と呼ばれる領域の教育内容には、必ずしも答えを確定できないものが少なくない。人間と自然の関係はどのように説明すればよいのか、資源の有限性が叫ばれるなかで人間はその欲望を制御しきれるのかどうか、国際化、グローバル化が喧伝される今日にあって「わたし（たち）」の個性や文化や伝統はどこまでその独自性を主張できるのか、その「わたし（たち）」の理性や思惟にどこまで信頼を寄せてよいのか、人はなぜ戦い続けるのか……。

安易な答えさがしは厳に慎まねばならないだろう。ただにぎやかなだけの体験活動にも禁欲的でなければならまい。言い換えればそれは、教えきること、わからせきることの心地よさとの決別を意味する。それは簡単なようで、ずいぶんな勇気を必要とすることである。

一方では、第14講で述べたように、教師が自身の根城としてきた学校そのものに、いま相対化という津波が押し寄せている。「教師である」というただそれだけの理由で人に何事かをさし示すことができるのだと考えるのは、もうかなりむずかしくなってきている。授業の巧拙など、この際、瑣事である。人が人を教えるというふるまいの意味が、あらためて厳しく問われているのである。

このような時代にあって、教師は何を身にまとい、何をたずさえて子供たちの前に立てばよいのであろうか。

＊

たとえば資源問題について、平和教育について、その他の現代の諸課題について、広い視野にたって詳細な情報を渉猟しておくというのは、のびやかな授業をつくるに際して必要なことであろう。このような努力を教材研究、授業研究と呼び習わしているが、しかしそれは学習指導要領や教科書、先行事例や子供の実態に学びながらよりよい学習指導のあり方を追求しようとするものであるから、言えば、あらゆる職業人に要求される日々の「研修」にすぎない。必要ではあるが、それ以上のものでもない。

一方、再現可能性をもったいわゆる理論研究に邁進することが、それがよい教師としての必要条件だとも思われない。このことは第13講ですでに述べたとおりである。よりよい実践に努力を傾注しつつ同時に理論の世界に身を投じることがあってももちろんかまわないが、それは、ごくかぎられた異才にのみ可能なことである。誰もがめざす（べき）目標とは言えない。

あらためて問いたい。学校教育そのもののレゾンデートルが問いなおされている今、教師は何を身にまとい、何をたずさえて子供たちの前に立てばよいのであろうか。

齋藤孝は「子供は教師のあこがれにあこがれる」と言う。「子供に伝えられているのは、結局教師の人格ではないか」とも言う[1]。突飛なようだが、あらためて問われてみると、そのような経験なり感慨がたしかにあったことに気づかされる。

少し長くなるが。ある受講生のレポートを紹介しよう。

＊

私が小学校5年生の時に、新しい音楽の先生（以下A先生）が赴任してきた。赴任式でA先生はサックスを上手に吹き鳴らしたこともあり、当時は「凄い先生がきたな」と思ったものである。しかし、A先生は音楽の先生として当然身につけておくべき、あるスキルが徹底的に欠けていたのである。なんとA先生はピアノの演奏が全くできなかったのだ。それが判明したのは、ある学校行事における校歌斉唱時であった。私の小学校では、校歌の伴奏は音楽の先生がすることになっていた。例のごとくA先生はピアノを弾き始め、私たちは歌い出した。するとピアノの音が明らかにズレたり外れたりしているし、最終的に伴奏がストップし、児童の歌だけが響き渡るというとんでもない状況に陥ったのである。体育館内は爆笑につつまれ、真っ赤な顔をしながらA先生が立ち去っていくのをいまだに覚えている。児童のその先生に対する評価は当然急落し、「算数を担当している○○先生の方が上手に弾ける」だの「A先生の音楽の授業にはあたりたくない」などと悪口を言われる始末である。私も音楽の先生はピアノの演奏が上手だという意識を持っていたので、おかしな先生がきたものだなと感じ、その先生を好きになることもなかった。しかし、その考えが後に変わることになるのである。

その騒動の数日後、偶然音楽室の近くを通った時に、ピアノの不協和音が聞こえてきた。なんだろうと思って窓をのぞくと、A先生が楽譜を睨めつけながら、ピアノの練習をしていたのである。その後、校歌斉唱の回数に比例して、ピアノの演奏が上達していく様は音楽にさほど教養のない私でも容易に理解できた。この状況に、以前まで悪口を言い、A先生のことをからかっていた児童も何も言わなくなったのである。卒業式の日に、いままでお世話になった先生方にランドセルにメッセージを書いてもらおうと、友達と一緒に教室を廻っていた。その時にA先生が書いてくれた言葉は「頑張れ」という一言であった。講義中に斎藤孝氏の「あこがれ論」が取り上げられていたが、その時すぐに頭に思い浮かんだのが上記の経験であった。技能的にみれば、ピアノの弾けないA先生は、ダメな教師というレッテルを張ることができるかもしれない。音楽の先生である限りは、子どもの歌う曲の伴奏ぐらいはできて欲しいものである。しかし、なんとか一矢報いようと努力し、その姿を児童にみせたA先生から私自身、学ばせていただいたものは大きかった。最後に送ってくださった「頑張れ」というメッセージもA先生だからこそ、大きな意味を持っていたのである。「頑張れ」という言葉は人生で何度も聞いてきたが、行動を伴ったA先生の言葉はどの言葉よりも重かった。

A先生の存在が、彼が教師をめざす決定的な理由だったのかどうかは定かではない。しかしA先生の存在は、彼の自己形成に大きな寄与をなしたのはたしかなことだろう。A先生は特段の情報も能力も彼に与えなかったかもしれないが、子供たちの「解釈フィルター」「活用エンジン」を確実に活性化させたと言って過言ではないだろう。

＊

内科医は意地でも風邪をひいてはいけないし、化粧品のＣＭモデルは必ず美人でなければならない。だから、これとまったく同様のじつに単純な理由で、教師はつねに向上心をもち研究的であり続けなければならない。こう主張することは、ＣＭモデルに向かって美しくあれと言うのと同様、それは職業上のやむを得ない宿命のゆえであって、けっして空虚な精神論でもなければ大仰な聖職論でもない。あっさりと書いてしまえば、勉強しない教師が子供に勉強せよと言えるのか、というだけの話である。

教師もまた、子供と同じく学び続ける存在である。学びの中身は多様である。人間の来し方行く末に思いを巡らせるもよし、自然の神秘にわけ入るもよし、あるいはまた、自身の限界に挑むもよし。具体的には、哲学への接近でも郷土史の探究でも、芸術への挑戦でも競技会をめざした体力錬磨でもいい。何らかの負荷を覚悟で高みをめざすことである。その学びの姿、あこがれへの接近のさまは、いくばくかの好影響を子供たちに及ぼさないはずはないだろう。いやそもそも、何ものかへのあこがれを忘れてしまったら、教師として以前に人間として、それはあまりに悲しいことではないか。

＊

人間世界にたしかな答えなどそうそうあるものではないのだが、見方を変えれば、たしかに言えることも少なからずはある。悩み続けること、高みをめざしあこがれ続けることが、とりわけ教えるということをなりわいとする立場にある人にとって人生の不可欠な要諦であろうとは、人間とその教育にいささかでも関心をもつおおかたの人の賛同を得ることのできる、そのまぎれもない一つにちがいあるまい。

その戒めを自身にもまた言い聞かせながら、この結論めいた物言いを「ささやかな伝言」と仮称して、人騒がせな講義をひとまずは閉じることとする。

注

1　齋藤孝『教師＝身体という技術：構え・感知力・技化』世織書房、一九九七

著者紹介

小西正雄（こにし　まさお）

昭和25年、大阪市生まれ
現　職：鳴門教育大学大学院学校教育研究科教授
専　攻：教育文化人間論、社会認識教育論
URL：www.naruto-u.ac.jp/course/sougou/konishi/

君は自分と通話できるケータイを持っているか
―「現代の諸課題と学校教育」講義　　＊定価はカバーに表示してあります

2012年9月5日　初　版第1刷発行　〔検印省略〕

著者 © 小西　正雄／発行者 下田勝司　印刷／製本 中央精版印刷

東京都文京区向丘1-20-6　郵便振替 00110-6-37828　発　行　所
〒113-0023　TEL (03)3818-5521　FAX (03)3818-5514　株式会社 東　信　堂

Published by TOSHINDO PUBLISHING CO., LTD
1-20-6, Mukougaoka, Bunkyo-ku, Tokyo, 113-0023, Japan
E-mail : tk203444@fsinet.or.jp　http://www.toshindo-pub.com

ISBN978-4-7989-0141-1 C3037

東信堂

子ども・若者の自己形成空間—教育人間学の視線から	高橋勝編著	二七〇〇円
君は自分と通話できるケータイを持っているか—「現代の諸課題と学校教育」講義	小西正雄	二〇〇〇円
教育文化人間論—知の逍遥／論の越境	小西正雄	二四〇〇円
グローバルな学びへ—協同と刷新の教育	田中智志編著	二〇〇〇円
教育の共生体へ—ボディエデュケーショナルの思想圏	田中智志編	三五〇〇円
人格形成概念の誕生—近代アメリカの教育概念史	田中智志	三六〇〇円
社会性概念の構築—アメリカ進歩主義教育の概念史	田中智志	三八〇〇円
教育の自治・分権と学校法制	結城忠	四六〇〇円
教育による社会的正義の実現—アメリカの挑戦（1945–1980）	D・ラヴィッチ著 末藤美津子訳	五六〇〇円
学校改革抗争の100年—20世紀アメリカ教育史	D・ラヴィッチ著 末藤・宮本・佐藤訳	六四〇〇円
教育における国家原理と市場原理—チリ現代教育政策史に関する研究	斉藤泰雄	三八〇〇円
ヨーロッパ近代教育の葛藤—地球社会の求める教育システムへ	関啓子・太田美幸編	三二〇〇円
ミッション・スクールと戦争—立教学院のディレンマ	老川慶喜・前田一男編	五八〇〇円
多元的宗教教育の成立過程—アメリカ教育と成瀬仁蔵の「帰一」の教育	大森秀子	三六〇〇円
未曾有の国難に教育は応えられるか—「じひょう」と教育研究60年	新堀通也	三二〇〇円
演劇教育の理論と実践の研究—自由ヴァルドルフ学校の演劇教育	広瀬綾子	三八〇〇円
〈シリーズ 日本の教育を問いなおす〉		
教育の平等と正義	K・ハウ著 大桃敏行・中村雅子・後藤武俊訳	三二〇〇円
拡大する社会格差に挑む教育	西村和雄・大森不二雄・倉元直樹・木村拓也編	二四〇〇円
混迷する評価の時代—教育評価を根底から問う	西村和雄・大森不二雄・倉元直樹・木村拓也編	二四〇〇円
教育における評価とモラル	戸瀬信之・西村和雄編	二四〇〇円
地上の迷宮と心の楽園〔コメニウスセレクション〕	J・コメニウス 藤田輝夫訳	三六〇〇円
〈現代日本の教育社会構造〉（全4巻）		
〈第1巻〉教育社会史—日本とイタリアと	小林甫	七八〇〇円

〒113-0023　東京都文京区向丘 1-20-6　TEL 03-3818-5521　FAX03-3818-5514　振替 00110-6-37828
Email tk203444@fsinet.or.jp　URL:http://www.toshindo-pub.com/
※定価：表示価格（本体）＋税